O Atleta no Século XXI

Dr. Wilson Rondó Jr.

O ATLETA NO SÉCULO XXI

São Paulo
2000

© Wilson Rondó Jr., 2000

Diretor Editorial
JEFFERSON L. ALVES

Diretor de Marketing
RICHARD A. ALVES

Assistente Editorial
ROSALINA SIQUEIRA

Gerente de Produção
FLÁVIO SAMUEL

Preparação de Texto
CÉLIA REGINA DO N. CAMARGO

Revisão
MARIA APARECIDA ANDRADE SALMERON
JOSÉ GABRIEL ARROIO

Capa
RENATO HIDEO AOKI

Fotos de Capa
STOCK PHOTOS

Editoração Eletrônica
ANTONIO SILVIO LOPES

Dados Internacionais de Catalogação na Publicação (CIP)
(Câmara Brasileira do Livro, SP, Brasil)

Rondó, Junior, Wilson
 O atleta no século XXI / Wilson Rondó Jr. – São Paulo: Gaia, 2000.

 Bibliografia.
 ISBN 85-85351-82-9

 1. Aptidão física 2. Atletas – Nutrição 3. Doping nos esportes 4. Educação física 5. Exercício 6. Nutrientes – Interações I. Título.

00-1439   CDD-613.71

Índices para catálogo sistemático:

1. Atividade física e saúde : Educação física   613.71
2. Exercício físico e saúde : Educação física   613.71

Direitos Reservados

EDITORA GAIA LTDA.
(Uma divisão da Global Editora
e Distribuidora Ltda.)

Rua Pirapitingüi, 111-A – Liberdade
CEP: 01508-020 – São Paulo – SP
Tel.: (0xx11) 3277-7999 – Fax: (0xx11) 3277-8141
E-mail: gaia@dialdata.com.br

Colabore com a produção científica e cultural.
Proibida a reprodução total ou parcial desta obra
sem a autorização do editor.

Nº DE CATÁLOGO: **2172**

*Com todo carinho e amor à minha família,
Manuela, Pietro e Patrícia, que tornam
a minha vida interessante e cheia de objetivos,
num constante aprendizado com cada um deles!*

AGRADECIMENTOS

Aos meus pacientes, que muito me honram por confiarem a mim sua saúde, à dedicada equipe profissional da W. Rondó Medical Center, um laboratório vivo de princípios contidos neste livro, à Elânia Souza Nascimento, pela sua constante colaboração na elaboração dos textos, e a todos que ajudaram no caminho desta publicação.

E a uma pessoa que está sempre presente no meu mundo: Leontina Waack Ferreira, *in memoriam*.

ADVERTÊNCIA

Como qualquer trabalho em medicina, a intenção é ensinar.

Este livro não tem o objetivo de induzir a autotratamento. A meta é ser uma fonte de informações que possa levar o leitor ao profissional médico especializado, para que este possa implantar as idéias que este livro tem a oferecer.

Este é um meio de ensinar, e não de tratar.

Dr. Wilson Rondó Jr.

Sumário

Prefácio	15
Introdução	17
Lei da natureza	19
Oxidação	21
Exercício e ação antioxidante	22
Exercícios aeróbicos, anaeróbicos e VO_2 máx.	23
Dinâmica da energia (esquemas)	23
Sistema fosfato	25
Benefícios fisiológicos do exercício	26
Ácido láctico	27
Ciclo da agressão celular	28
O exercício é a solução para o desgaste da vida moderna?	29
Dieta moderna	31
Bases nutricionais	33
Carboidratos	33
Gorduras	34

Proteínas 34
Vitaminas 35
Minerais 35
Água 35
Referências das dosagens diárias 36
Dosagens diárias para o atleta 38
Nutrientes e exercícios na geração de energia 39
PREPARATIVO ALIMENTAR E PRÉ-EXERCÍCIO 42
Refeições rápidas – *snacks* 43
Bebidas de reposição – *sport drinks* 43
Barras energéticas – *sport bars* 44
Vegetarianos e atletas 44
DESENVOLVENDO UM PROGRAMA DE EXERCÍCIOS 46
Exercício cortical 46
Exercício límbico 46
Fibras musculares tipo I 47
Fibras musculares tipo II 47
Exercício lipolítico 48
Exercício glicolítico 48
CORAÇÃO DO CORREDOR *VERSUS* CORAÇÃO DO LEVANTADOR DE PESO ... 49
TECIDO CONJUNTIVO E O CONDICIONAMENTO FÍSICO 51
Aspectos anatômicos do tecido conjuntivo 52
Aspectos fisiológicos do tecido conjuntivo 52
Aspectos funcionais do tecido conjuntivo 53

Aspectos patológicos do tecido conjuntivo 53
INICIANDO A ATIVIDADE FÍSICA 54
    Avaliação física 54
    Indumentária 55
    Aquecimento pré-exercício 56
    Alongamento pós-exercício 56
    Exercícios para iniciantes fugindo de doenças 57
    Gastos calóricos nas atividades 58
SÍNDROME DO EXCESSO DE TREINOS 60
EXERCÍCIO E ALTERAÇÕES METABÓLICAS 62
    Exercício e doença cardíaca 62
    Exercício e hipertensão 62
    Exercício e estado de ansiedade/síndrome do pânico .. 63
    Exercício e depressão 63
    Exercício e artrite 64
    Exercício e osteoporose 64
    Exercício e distúrbio gastrointestinal/flatulências 66
    Exercício e asma/doenças respiratórias 66
    Exercício e hipotireoidismo 67
    Exercício e hipoglicemia 68
    Exercício e estresse adrenal crônico 68
    Exercício e o idoso 69
    Exercício e obesidade 69
    Exercício e dores musculares 70

Como os nutrientes agem integrados 71
    Vitaminas 72
    Vitaminas lipossolúveis 73
        Betacaroteno (pró-vitamina A) 73
        Vitamina A (retinol) 73
        Vitamina D (colecalciferol) 73
        Vitamina E (alfatocoferol) 74
        Vitamina K 74
    Vitaminas hidrossolúveis 74
        Vitamina C (ácido ascórbico) 74
        Vitamina B_1 (tiamina) 75
        Vitamina B_2 (riboflavina) 75
        Vitamina B_3 (niacina) 75
        Vitamina B_5 (ácido pantotênico) 76
        Vitamina B_6 (piridoxina) 76
        Vitamina B_{12} (cobalamina) 76
        Folato (ácido fólico) 77
        Biotina 77
        Complexo B 77
    Minerais 77
        Cálcio (Ca^{++}) 78
        Magnésio (Mg^{++}) 78
        Potássio (K^+) 78
        Sódio (Na^+) 79

Fósforo (P) 79
Zinco (Zu^{++}) 79
Ferro (Fe^{++} ou Fe^{+++}) 80
Manganês (Mn^{++}) 80
Cobre (Cu^{++}) 81
Iodo (I) 81
Cromo (Cr^{+++}) 81
Selênio (Se) 82
AMINOÁCIDOS 83
Aminoácidos que promovem ganho muscular 84
BCAA (essenciais) 84
Alanina (não essencial) 86
L-carnitina (não essencial) 86
Arginina (essencial) 87
Ornitina (não essencial) 89
Ornitina alfaquetoglutarato 89
L-lisina (essencial) 90
Glutamina (essencial) 90
L-glicina (não essencial) 91
Associação de aminoácidos 92
OUTROS ELEMENTOS ERGOGÊNICOS, UM *PLUS* NA POTÊNCIA 94
CoQ$_{10}$ (ubiquinona) 94
Octacosanol 94
Triglicérides de cadeia média (MCT) 95

Piruvato – ácido pirúvico 95
Proteína do soro do leite (*Whey protein*) 95
Ginseng coreano (*Panax ginseng*) 96
Ginseng siberiano (*Eleuthrococcus senticosus*) 96
Guaraná (*Paulinea cupana*) 97
Monoidrato de creatina na *performance* atlética 98
Trifosfato de adenosina – ATP 100
Ácido ferrúlico (*Gama orizanol*) 101
Hormônio do crescimento (um alerta para o *doping*) 102
Exames de concentração de vitaminas e aminoácidos 104
Atividade antioxidante no plasma 104
Análise de aminoácidos 107
Genética do recordista 108
Esteróides 109
Controle *antidoping* 110
Doping no esporte 112
I. Classes de substâncias proibidas 113
II. Métodos proibidos 130
III. Classes de drogas sujeitas a certas restrições 131
Medicações permitidas 138

Bibliografia 143

Prefácio

Para mim, como especialista em atividade física e exercício, é um privilégio prefaciar esta obra do Dr. Wilson Rondó Jr., pela sua qualidade e profundidade, e pela grande utilização que certamente terá nas áreas de medicina do exercício, nutrição clínica e esportiva, e também no controle do envelhecimento.

O autor graduou-se em Medicina em 1983, pela Faculdade de Santo Amaro, e especializou-se inicialmente em Cirurgia Vascular, na França. Entretanto, pouco a pouco, orientou-se para a área da Medicina Ortomolecular, tendo concluído uma especialização em terapias antioxidantes nos Estados Unidos.

O autor revisa neste texto os sistemas de produção de energia, as bases da dieta moderna, o desenvolvimento de programas de treinamento, abordando também noções de cardiologia desportiva, exercício e alterações metabólicas, orientadas para as mais diversas patologias endócrinas, cardiovasculares e respiratórias, concluindo por uma ampla revisão sobre vitaminas, minerais, aminoácidos e outros elementos ergogênicos, abordando ainda o tema doping.

Para quem deseja evitar o difícil e tedioso trabalho de pesquisar nos poucos textos e periódicos onde esta informação se encontra esparsa e rarefeita, esta é uma obra de leitura obrigatória, que será de excelente utilidade não só para os especialistas da área, que incluem professores de Educação Física e médicos, mas também para os fisioterapeutas, os nutricionistas e o público em geral, que coloca o exercício físico como uma das suas prioridades no aumento e na manutenção da saúde.

Prof. Dr. Eduardo Henrique De Rose
Presidente
Federação Internacional de Medicina do Esporte

INTRODUÇÃO

O primeiro estudioso a se interessar pela ginástica terapêutica ou ginástica médica foi Herodicus, reconhecido como o formador de instrutores de ginástica. Seu conhecimento, que unia a ginástica com a arte médica, foi o caminho para os estudos gregos subseqüentes em relação aos benefícios da atividade física na saúde.

Hipócrates, conhecido como o pai da Medicina Preventiva, que enfatizava o uso do exercício e da alimentação na melhora da saúde, sofreu muita influência de Herodicus. Por sua vez, acabou inspirando o trabalho de Galeno, médico grego que escreveu numerosos estudos de grande importância para a história médica, inclusive sobre os benefícios para a saúde propiciados pelo exercício.

Cada vez mais nos convencemos da validade dos exercícios físicos: a atividade física rejuvenesce todos os órgãos do nosso corpo, adicionando-lhes energia para encararmos nossos dias e anos, enfim, nossa vida, com disposição.

Algumas das doenças mais comuns do envelhecimento podem ser prevenidas, superadas ou revertidas pelo exercício físico, e o mais dramático e bem conhecido benefício do exercício é seu efeito no sistema cardiovascular.

Exercícios feitos com regularidade e moderação são eficazes para o fortalecimento do coração, a diminuição da pressão arterial e melhora da circulação. Ajudam a reduzir o colesterol e os triglicérides concomitantemente a um aumento das concentrações de HDL-Colesterol (o colesterol bom), diminuindo o risco de infarto.

Além disso, o exercício torna o coração mais saudável, mais eficiente, aumentando a possibilidade de sobrevivência a um episódio de infarto do miocárdio.

Mas os benefícios dos exercícios não param aí. A atividade física melhora o metabolismo dos carboidratos e ajuda a prevenir o diabetes tipo II. Promove a recuperação óssea, fortalece a musculatura e reduz a gordura. Alivia os episódios de asma, previne enxaquecas, fortalece o sistema imunológico, melhora a lucidez mental, eleva o humor e promove um sono reparador. Pode reduzir alguns tipos de câncer.

Exercício é simplesmente um dos hábitos mais saudáveis que podemos incorporar na nossa vida. Então por que não começar a praticá-lo? Menos de 20% dos adultos se exercitam regularmente e cerca de 30% não fazem absolutamente nenhuma atividade física. Usamos o carro em 93% das nossas necessidades de locomoção, em vez de caminharmos. É por isso que estamos cada vez mais acima do peso e fora de forma; nesta última década, a população brasileira aumentou em 30% a sua população obesa!

A boa notícia é que o exercício, para produzir melhorias mensuráveis na saúde geral e no bem-estar, não precisa ser doloroso ou prolongado.

Precisamos encontrar tempo
para o exercício, ou no futuro
teremos de reservar tempo
para as doenças.

LEI DA NATUREZA

Cada elemento na natureza tem um tempo de vida, e isso é válido desde a forma viva mais simples até o homem. A natureza é o modelo máximo do planejamento, raramente erra e tem a sua própria autocorreção.

É importante nos lembrarmos disso, pois o homem, através da ciência, no caso do esporte, está chegando no seu limite máximo biológico, e quanto mais nos aproximarmos dessa marca, menores serão os ganhos em termos de recordes olímpicos. Porém, cada vez mais estaremos em situações de risco para a saúde, não só o atleta, mas também o homem ou a mulher que se expõem a essa situação.

No transcorrer dos tempos, os recordes esportivos tendem a ser superados cada vez com maior dificuldade, por frações de tempo quase infinitesimais.

Vamos analisar as últimas Olimpíadas. Nas de Seul (1988), vimos que 75 marcas de recordes foram quebradas; nas Olimpíadas seguintes, em Barcelona (1992), esse número foi reduzido para 21; já em Atlanta (1996), caiu para 13; ou seja, cada vez está se tornando mais difícil a superação mínima. O que esperar de Sidney?

Simultaneamente a isso, o homem, através da ciência médica, tenta melhorar sua capacidade, porém muitas vezes acaba tomando atitudes irracionais, tais como fazer uso de substâncias suicidas simplesmente extasiado com a finalidade, sem se importar com os meios destrutivos utilizados. Só terão consciência disso na evolução desse processo, que muitas vezes leva a situações sem volta como: infertilidade, insuficiência hepática, lesões, músculos esqueléticos degenerativos, lesões hepáticas, insuficiência cardíaca, infarto e até câncer. Será essa a resposta da natureza ao ser agredida?

Pode até parecer distante de todos nós, que somos esportistas não profissionais, porém cada vez mais temos nos deparado com a mentalidade de GLADIADOR, que toma conta de muitas pessoas, quando começam a se empolgar com o exercício e passam a não fazê-lo pelo prazer, mas sim pela dor e pela sensação de estar GLADIANDO... Mas contra o quê? Possivelmente contra a própria saúde!

Precisamos analisar como a natureza controla a vida, pois, como já foi dito, ela é autocorretiva.

OXIDAÇÃO

É a essência da degeneração da juventude. É a confirmação de que nenhuma forma de vida é eterna. O processo é espontâneo, não requerendo energia. Cientificamente é a perda de um elétron por átomos ou moléculas. Molécula é um conjunto de átomos agrupados. Elétrons são pequenas partículas de energia. Quando átomos ou moléculas perdem elétrons, eles perdem energia. No processo de oxidação, átomos ou moléculas altamente energéticos são transformados em estruturas com pouca energia; é o envelhecimento.

O processo de oxidação gera os tão comentados **radicais livres**. E o que são eles? São átomos ou moléculas altamente instáveis, extremamente reativos, que se formam quando moléculas oxidantes agridem outras moléculas.

A capacidade de defesa celular à agressão oxidativa é a geração dos antioxidantes, que é determinada por condições genéticas e fatores adquiridos. Exemplos dessas moléculas antioxidantes são vitaminas, minerais essenciais, aminoácidos essenciais, ácidos graxos essenciais e outros antioxidantes.

Em relação aos exercícios, estes podem ser oxidantes ou antioxidantes, dependendo basicamente da intensidade deles. Quanto maior o consumo de oxigênio, maior a geração de oxidação pelos radicais livres. Quando esse consumo é feito com moderação tem importante capacidade antioxidante, porém em excesso promove a oxidação, começando a partir daí o problema do esportista, que pode contrair desde leves danos celulares até lesões irreversíveis, degenerativas e até fatais.

EXERCÍCIO E AÇÃO ANTIOXIDANTE

Já se encontra de forma consistente na literatura médica a informação de que o exercício promove aumento do processo de lipoperoxidação (ou seja, oxidação das membranas celulares). Trabalhos recentes mostram que o exercício levado à exaustão promove aumento no músculo da taxa de formação de radicais livres.

Essa geração de radicais livres em músculos e fígados de indivíduos treinados está certamente relacionada com a suplementação ou deficiência dos nutrientes antioxidantes, que estarão induzindo o dano muscular pelo exercício.

Em geral, os antioxidantes incluem a vitamina C e a vitamina E, o mineral selênio e a coenzima Q_{10}, os quais se apresentam naturalmente no nosso organismo.

A deficiência de selênio tem sido apontada como a causadora da elevação na produção de pentanos na respiração, o que é uma indicação comumente aceita como potencializadora de lipoperoxidação.

Entretanto, quando temos vitamina E em quantidades adequadas, não ocorre o aumento da produção de pentanos em indivíduos deficientes em selênio.

Em outro estudo, indivíduos deficientes em vitamina E apresentavam a produção de pentanos aumentada em até 6 vezes em comparação com indivíduos suplementados com vitamina E e nos quais houve também impressionante diminuição da produção de radicais livres em indivíduos levados à exaustão.

Na maioria dos estudos, a suplementação de vitaminas E e C dá a certeza de que os antioxidantes têm efeito protetor contra os danos causados pelos radicais livres induzidos pelo exercício. Portanto, a correta suplementação de antioxidante pode proteger o organismo e promover maior longevidade, menor risco de lesões e possivelmente maior rendimento em *performance*.

EXERCÍCIOS AERÓBICOS, ANAERÓBICOS E VO_2 MÁX.

Os termos aeróbico e anaeróbico significam, respectivamente, "com oxigênio" e "sem oxigênio". O metabolismo aeróbico é o metabolismo tecidual com oxigênio suficiente para transformar alimentos, gorduras, proteínas e carboidratos em energia.

O metabolismo anaeróbico, ao contrário, transforma os alimentos completamente, sem precisar de uma quantidade adequada de oxigênio. Durante o metabolismo anaeróbico, o ácido láctico e outras moléculas de fadiga acumulam-se nos tecidos, dificultando a atividade física.

VO_2 **máx.** é a máxima quantidade de oxigênio que o corpo pode utilizar num dado período. Fisiologistas do exercício usam esse termo para designar a máxima capacidade aeróbica. Aumentando a sua VO_2 máx., você estará aumentando sua *performance*. Ou seja, estará trabalhando os sistemas cardiovascular e respiratório, melhorando a função das fibras musculares tipo II. Essas fibras são ricas em enzimas que queimam açúcares, desenvolvidas para rápida geração de energia, e que são requeridas para intensas atividades por pequenos períodos de tempo.

DINÂMICA DA ENERGIA

Na terminologia científica, energia é a capacidade para trabalhar. A vida é mantida quando a energia das gorduras, dos carboidratos e das proteínas é convertida em energia térmica eletromagnética e mecânica, para atuar nas diversas funções vitais.

Durante o exercício físico, para ser mais específico, o trifosfato de adenosina (ATP) é transformado em estímulo mecânico para a contração muscular. Durante esse processo, o ATP é degradado tanto em difosfato de adenosina (ADP) + P + energia ou em ácido adenílico (AMP) + P + energia.

Para continuar a atividade física, o ATP deve ser ressintetizado rapidamente. Isso ocorre por meio de três maneiras diferentes:

1. Sistema fosfato.

2. Metabolismo aeróbico, quando a quantidade adequada de O_2 é disponível.

3. Metabolismo anaeróbico, quando o oxigênio não é disponível livremente.

Esquemas

1. Energia gerada pelo sistema fosfato:

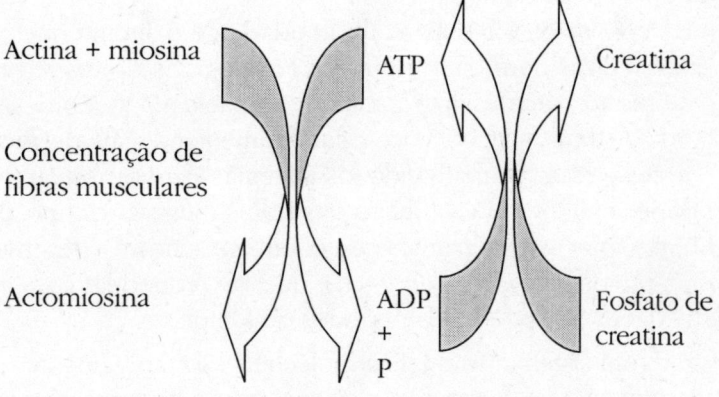

2. Energia gerada por metabolismo aeróbico:

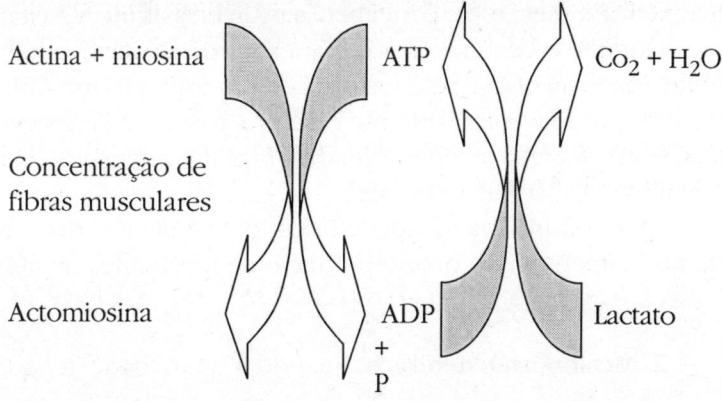

3. Energia gerada por metabolismo anaeróbico:

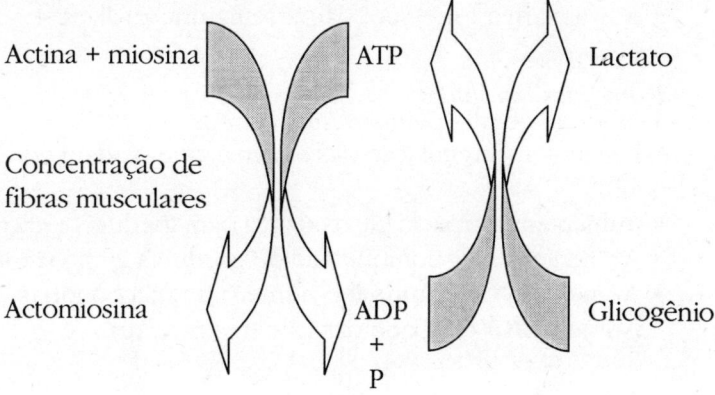

SISTEMA FOSFATO

É um sistema no qual as moléculas são rapidamente convertidas em energia. A natureza designa essas moléculas para as atividades de explosão.

Consiste primeiramente no ATP (trifosfato de adenosina) e no CP (fosfato de creatina) ricos em energia, que são armazenados no músculo.

Há ainda a CPK (creatina fosfoquinase), que é a enzima responsável pela re-síntese do ATP, tão rápido quanto é utilizado.
Quanto ao CP (fosfato de creatina), está presente em estoque limitado.
O excesso de atividade física depleta os estoques dessas moléculas, gerando um acúmulo de ácido láctico, uma das principais moléculas do cansaço.

BENEFÍCIOS FISIOLÓGICOS DO EXERCÍCIO

Exercícios anaeróbicos

- Regulam o sistema enzimático fosfato
- Aumentam a tolerância do ácido láctico
- Aumentam os depósitos de ATP e CP
- Aumentam a espessura da musculatura cardíaca

Exercícios aeróbicos

- Promovem a regulação das enzimas que oxidam gorduras e glicogênio
- Aumentam a capacidade oxidativa para gorduras e glicogênio
- Aumentam a disponibilidade de gorduras e glicogênio
- Aumentam o tamanho e o número de mitocôndrias
- Aumentam a cavidade das câmaras cardíacas

Mudanças gerais no organismo obtidas pelo exercício

- Aumento da capacidade do sistema cardiovascular
- Aumento do volume sangüíneo total
- Diminuição da pressão arterial
- Diminuição do colesterol e dos triglicérides
- Aumento da massa muscular magra
- Diminuição da gordura corpórea total
- Aumento da hemoglobina
- Melhor adaptação ao calor

ÁCIDO LÁCTICO

O ácido láctico é uma das mais importantes moléculas do cansaço. Em condições de saúde, a produção de ácido láctico é balanceada com seu consumo.

Durante a atividade normal, músculos e outros órgãos produzem ácido láctico, que é consumido pelo fígado e pelos rins. Durante o exercício, a produção de ácido láctico aumenta verticalmente. Quando não há quantidade suficiente de oxigênio disponível, todos os tecidos produzem ácido láctico.

Normalmente, o ácido láctico é convertido em outro ácido, chamado ácido pirúvico, que, então, é oxidado para produzir energia e moléculas energéticas de ATP, derivadas de moléculas menos energéticas como o ADP e o AMP.

Quando esse sistema se esgota por insistência no exercício, porém sem oxigenação adequada para degradar ácido lático e ácido pirúvico, estes se acumulam tornando o meio ácido e gerando estresse oxidativo nos tecidos.

O fluxo dos elétrons através do sistema citocromo é diminuído, e a geração de moléculas de alta energia como ATP é desregulada. Como resultado, acumulam-se moléculas de menor capacidade energética, ADP e AMP. Todas essas alterações levam à ativação da enzima fosfofrutoquinase, que promove a utilização do açúcar estocado no fígado e nos músculos como glicogênio.

A acidose e o estresse oxidativo nos tecidos produzem então uma parada de qualquer atividade. O ácido láctico utilizado no limite para geração máxima de energia começa a diminuir a capacidade de recuperação molecular, podendo levar a situações extremamente lesivas à célula.

Há um aumento da geração de oxirradicais, necessitando, então, de uma maior quantidade de antioxidantes para neutralizar a agressão e a morte celulares.

Estudos em atletas em treinamentos intensivos mostram evidências de agressão e morte celulares mensuradas por enzimas que se elevam como DL (desidrogenase láctica) e CK (creatina kinase), fato também presente no trauma muscular por acidente ou em pacientes com distúrbios musculares conhecidos como miopatias.

CICLO DA AGRESSÃO CELULAR

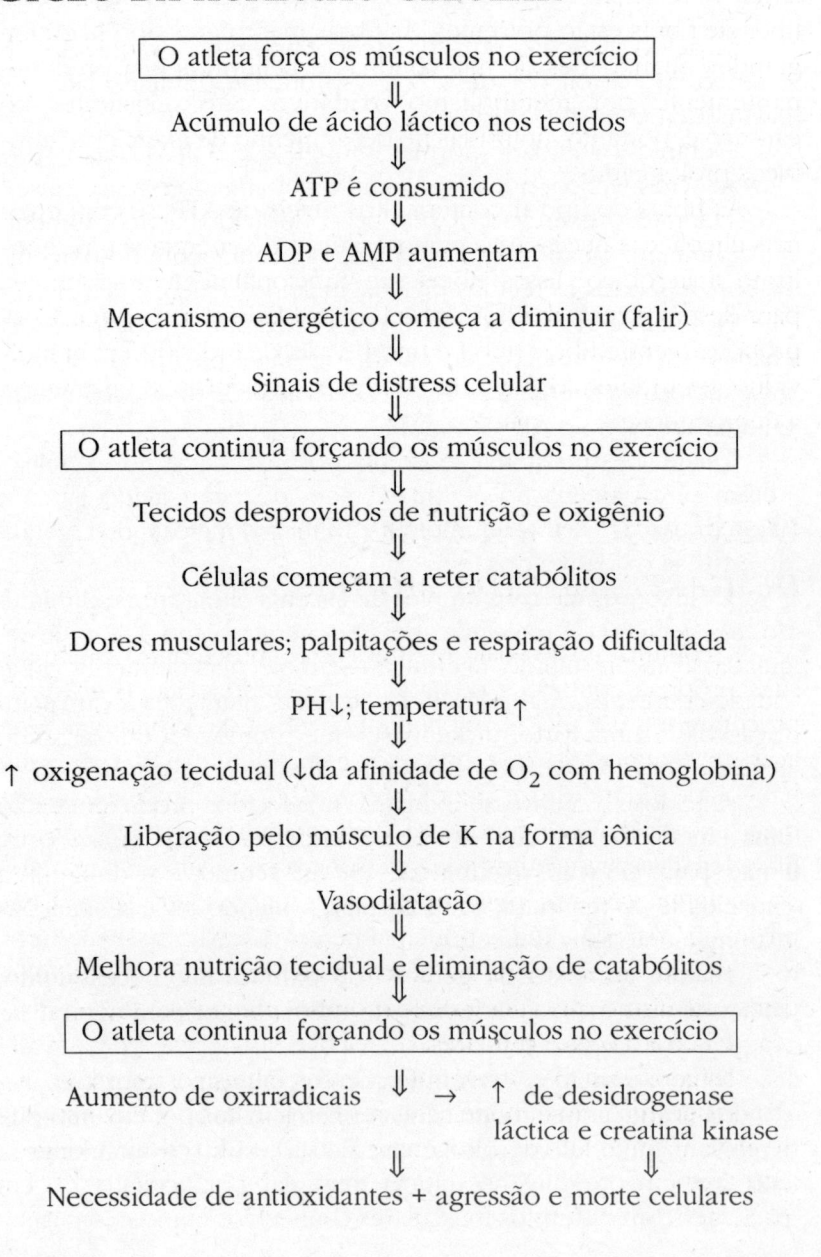

O atleta força os músculos no exercício
⇓
Acúmulo de ácido láctico nos tecidos
⇓
ATP é consumido
⇓
ADP e AMP aumentam
⇓
Mecanismo energético começa a diminuir (falir)
⇓
Sinais de distress celular
⇓
O atleta continua forçando os músculos no exercício
⇓
Tecidos desprovidos de nutrição e oxigênio
⇓
Células começam a reter catabólitos
⇓
Dores musculares; palpitações e respiração dificultada
⇓
PH↓; temperatura ↑
⇓
↑ oxigenação tecidual (↓da afinidade de O_2 com hemoglobina)
⇓
Liberação pelo músculo de K na forma iônica
⇓
Vasodilatação
⇓
Melhora nutrição tecidual e eliminação de catabólitos
⇓
O atleta continua forçando os músculos no exercício

Aumento de oxirradicais ⇓ → ↑ de desidrogenase
                                  láctica e creatina kinase
          ⇓   ⇓
Necessidade de antioxidantes + agressão e morte celulares

O exercício físico age principalmente na estrutura da musculatura esquelética e sua função. Na musculatura esquelética, dois tipos de fibras estão presentes. As fibras musculares tipo I contêm grandes quantidades de mitocôndrias e geram energia predominantemente por metabolismo oxidativo. São resistentes ao cansaço e, portanto, utilizadas no desempenho de exercícios aeróbicos prolongados.

As fibras do tipo II contêm altos níveis de ATPase com enzimas glicolíticas necessárias para produção de energia via metabolismo anaeróbico. Essas fibras são funcionalmente importantes para desenvolver trabalhos de alta intensidade e curta duração. A proporção entre fibras tipo I e tipo II varia de indivíduo para indivíduo, levando em conta o tipo de grupo muscular e a faixa etária a que pertence.

O EXERCÍCIO É A SOLUÇÃO PARA O DESGASTE DA VIDA MODERNA?

É comum as pessoas, quando estão procurando melhorar suas próprias condições de saúde e tentando evitar o estresse, procurarem o exercício como a melhor forma de se proteger. Elas acabam esquecendo que precisam inicialmente mudar os seus hábitos de vida: cigarro, álcool em excesso, má alimentação com dieta excessivamente gordurosa (veja gráfico 1), frituras, pouca fibra vegetal, insuficientes horas de sono e possivelmente excessiva contaminação por metais pesados, situações que promovem um maior risco à saúde, principalmente o cardiovascular. Com toda a solicitação da vida moderna, passa-se a exigir ainda mais deste organismo que já está em condições precárias.

O correto é uma mudança de hábitos, associada a uma avaliação clínica, e então certamente pode-se começar o exercício.

Realizado com moderação, o exercício tem efeito antioxidante, mas quando em excesso passa a ser lesivo, ou melhor, pró-oxidante.

GRÁFICO 1

Equilíbrio Antioxidante	
Pró-oxidantes	**Antioxidantes**
Dieta excessivamente gordurosa	Vitaminas C, E, A
Estresse	Carotenos
Cigarro	N-acetil, L-cisteína
Metais pesados: Hg, Cd, Pb e Fe livre	Glutationa reduzida, ácido lipóico
Xenobióticos	Taurina
Homocisteína	Flavanóides
Álcool em excesso	Coenzima Q_{10} (ubiquinona)
Infecções	Se, Cu, -Zn
Exercício em excesso	SOD
Desequilíbrio antioxidante	Quelação

DIETA MODERNA

O homem moderno ocidental nos últimos 100 anos fez profundas mudanças na alimentação.
Quanto ao consumo de proteínas, não houve mudanças significativas, apesar de as fontes terem se alterado. Antigamente era mais proteína vegetal e agora é mais proteína animal. Entretanto, os caçadores consumiam mais proteínas do que consumimos atualmente. O consumo de carboidratos complexos declinou, e concomitantemente houve um aumento da utilização das gorduras.
O açúcar, apesar de relativamente recente, já ocupa 20% do total de fonte geradora de energia no homem moderno.
O consumo de fibras, cerca de 20 g/dia, é somente 1/3 do que usavam os camponeses. A ingestão de sal aumentou drasticamente, e ele é indicado como um dos principais elementos na patogênese da hipertensão.
Cada vez mais se consomem alimentos refinados, industrializados e processados, que na realidade são espoliados de nutrientes, são desnaturados e desvitalizados.
A estes se associam grandes quantidades de produtos químicos. Aliás, há produto químico para tudo: intensificador ou modificador da cor existente; desidratante para melhorar a aparência do alimento; preservativos para prevenir a degradação e o produto durar meses em prateleiras; condicionadores; estabilizadores; preventivos de fermentação; emulsificadores; ou seja, tudo que possa transformar o alimento em algo bonito, atraente e que dure em prateleiras!

Isso é considerado alimento natural. Se olhar os ingredientes no rótulo da embalagem, verá palavras com mais sílabas do que você pode contar com suas duas mãos.

Acredito que nenhum de nós tenha descansado, na infância, à sombra de uma velha árvore de metilcloreto hidrogenado! Isso é natural!

O uso de pesticidas e herbicidas nas verduras vem aumentando assustadoramente. Nos últimos dez anos aumentou em 60%!

As carnes com hormônio e antibiótico em microdosagens, mas suficientes para em médio prazo manifestar desequilíbrios hormonais nas pessoas, além de resistência a antibióticos, são uma realidade. Sobre os alimentos transgênicos não sabemos suas conseqüências para a saúde.

A água que consumimos contém cada vez mais algicidas e fluoconização (cobre e alumínio) e, além do flúor e do cloro, apresenta excesso de metais pesados.

	Evolução da dieta através dos tempos			
	Caçador primitivo	Camponês	Homem ocidental	Atleta
Gordura	15-20	10-15	40 +	25-30
Carboidratos complexos	50-70	60-75 (açúcar 5)	25-30 (açúcar 20)	50-60
Proteína	15-20	10-15	12	15-20

BASES NUTRICIONAIS

O alimento é mais do que saciar nossa fome. Ele contém nutrientes essenciais para manutenção de ótima saúde e máxima *performance*, desde que usado corretamente. Infelizmente, hoje em dia não conseguimos nos alimentar corretamente pelo próprio desafio da vida moderna. Muitos sabem o que deveriam comer, porém não fazem isso.

Atletas necessitam de uma alimentação bem balanceada com a ingestão de alta quantidade de nutrientes. O aumento da atividade gera a grande necessidade de calorias, proteínas e outros nutrientes de que uma pessoa menos ativa não necessita.

Para a manutenção do peso, o atleta precisa mudar sua alimentação quando está fora de treinamentos, ou seja, consumir menos calorias, gorduras e proteínas. A base ideal para o atleta seria alimentar-se com carboidratos, proteínas, gorduras balanceadas, vitaminas, minerais e água de boa qualidade.

CARBOIDRATOS

Os carboidratos são a fonte de calorias provenientes dos açúcares e amidos, que são o combustível para nossos músculos e cérebro.

São a fonte primária de energia quando se está exercitando intensamente. Devemos ter cerca de 60% das nossas calorias originadas de carboidratos encontrados em frutas, vegetais, pães, grãos e pasta.

Ao se falar em carboidrato, deve-se entender carboidrato complexo.

Existem três categorias de carboidratos: os açúcares (monossacarídeos), como glicose, frutose e galactose; os dissacarídeos, como lactose, sucrose e maltose; e os carboidratos complexos, encontrados em batatas, vegetais e grãos integrais. Os músculos necessitam de glicogênio (um carboidrato) como combustível, e os carboidratos nos dão a energia necessária para a atividade atlética. Finalmente, as fibras (casca das frutas e dos vegetais) promovem pouca energia, porém são importantes na função intestinal.

GORDURAS

São uma fonte de energia armazenada (calorias) usada principalmente durante atividades leves (leituras, sono) e atividades de longa duração (corridas longas, bicicleta). Quando de origem animal (manteiga, gordura das carnes, *bacon*), por serem saturadas, aumentam o risco de doença cardiovascular e alguns tipos de câncer. As gorduras vegetais (óleo de oliva e de canola, por exemplo) são geralmente insaturadas e, portanto, menos lesivas. A sugestão para o atleta seria um consumo delas em torno de 25% do total de calorias ingeridas diariamente.

PROTEÍNAS

São essenciais para o desenvolvimento e o reparo musculares, para os glóbulos vermelhos, cabelos e outros tecidos na sintetização dos hormônios. As proteínas dos alimentos são digeridas em aminoácidos. Consistem numa fonte calórica e podem ser usadas como energia, caso não haja quantidade adequada de carboidratos (durante exercícios extenuantes). Cerca de 15% de nossas calorias devem vir de alimentos protéicos como peixe, frango, carne vermelha, tofu e grãos.

Os atletas precisam de quantidade maior de proteínas. A necessidade protéica diária para um atleta é cerca de 125% maior do que a de um indivíduo sedentário. A suplementação adicional de proteína pode ser usada como combustível auxiliar para exercícios de resistência e como fonte de aminoácidos para produzir ou manter massas musculares aumentadas nos indivíduos que treinam força. As pessoas que querem ganhar peso e procuram um trabalho de massa muscular, ou estão em treinos muito fortes, precisam de cerca de 150-200 g/dia de proteínas para se manter em balanço protéico positivo. Exercícios aeróbicos consomem menos proteínas que uma atividade como a de levantador de peso. Este deve evitar dieta altamente protéica com exclusão de carboidratos complexos, frutas e vegetais.

Os levantadores de peso, em muitos casos, quando não necessitam de grandes quantidades calóricas, devem ingerir suplemento de aminoácidos ou de proteína hidrolisada que contém peptídeos*, que darão à célula e aos tecidos o que eles precisam para se desenvolver, em vez de ingerirem grandes quantidades de alimentos protéicos.

Não se deve ingerir mais proteína do que o necessário pelo fato de sobrecarregar fígado e rins, podendo gerar principalmente complicações renais sérias. Porém, não há evidências de que a ingestão de proteínas nas dosagens recomendadas possam causar algum problema em indivíduos saudáveis.

VITAMINAS

São moléculas que regulam o metabolismo e as reações químicas corpóreas. As vitaminas por definição não são manufaturadas pelo organismo, devendo ser absorvidas, a princípio, pela dieta.

Não são fonte de calorias, mas sim de ENERGIA, portanto não engordam.

Exemplos de vitaminas: A, B, C, D, E e K.

MINERAIS

São elementos obtidos da alimentação e regulam vários processos orgânicos (por exemplo, transporte de oxigênio dependente do ferro ligado ao glóbulo vermelho), além de estarem presentes na formação de estruturas orgânicas (cálcio nos ossos).

Outros minerais são magnésio, fósforo, sódio, potássio, crômio e zinco.

ÁGUA

É a substância essencial para a vida e responsável por 75% do nosso peso. Estabiliza a temperatura corpórea, transporta nutriente, elimina detritos celulares e é necessária para as funções celulares. É um importante condutor de energia.

---

* Peptídeos: partículas protéicas.

Para os atletas ela é fundamental, principalmente no caso dos que realizam treinos pesados, pela extensiva e extenuante atividade que promove grandes perdas líquidas. Nesse caso, a única solução é beber água em grande quantidade. É imperativo que ela seja pura e de boa qualidade, evitando-se água de torneira.

Dieta balanceada para atletas

Carboidratos: 50-60% do total de calorias
10-20% simples: frutas, vegetais.
41-50% complexos: grãos integrais, legumes, alguns vegetais.

Proteínas: 15-20% (máx. 25%)
Animais: peixe, carne vermelha, frango, ovos, derivados de leite.
Vegetais: amêndoas, sementes, legumes.

Gorduras: 25-30%
Saturadas: carnes, ovos, derivados de leite.
Insaturadas (+ da metade): amêndoas, sementes, óleos vegetais e abacate.

REFERÊNCIAS DAS DOSAGENS DIÁRIAS

Foram determinadas de acordo com estudo encomendado pelo governo americano (Food and Nutrition Board of the National Research Council), para determinação da quantidade de cada nutriente necessário no consumo diário de soldados que iriam para a Segunda Guerra Mundial. São designadas como RDA (Recommended Dietary Allowances). Essa dosagem, na realidade, só é indicada para prevenir doenças em pessoas saudáveis, e é incoerente com as nossas necessidades atuais. Os parâmetros adotados pelo governo brasileiro (Ministério da Saúde) seguem este modelo basicamente.

Contudo, a realidade é que comemos carne com hormônio, verdura com agrotóxicos e pesticidas; apesar de os produtos na prateleira serem bonitos e as estantes charmosas, convidativas ao consumo, os produtos são compostos cada vez mais com componentes químicos; a água tem substância química; comemos depressa, o almoço de negócios não é relaxante, enfim, estamos sempre em situações que diminuem a assimilação nutricional. Vivemos, portanto, tempos de maior solicitação e competição, além das agressões ambientais, com excesso de poluentes e metais pesados. Como conseqüência, sobra-nos o estresse. Por todas essas razões, precisamos de mais nutrientes do que os recomendados para o equilíbrio diário do nosso organismo.

Vitamina A (e betacaroteno)*	5.000/4.000 UI
Vitamina C	60 mg
Vitamina D	200 UI
Vitamina E*	15/12 UI
Vitamina K*	80/60 mcg
Tiamina (B_1)*	1,5/1,1 mg
Riboflavina (B_2)*	1,7/1,3 mg
Niacina (e niacinamida; B_3)*	19/15 mg
Piridoxina (B_6)*	2,0/1,6 mg
Folato (ácido fólico)*	0,2/0,18 mg
Cobalamina (B_{12})	2 mcg
Biotina*	0,3 mg
Ácido pantotênico (B_5)*	4/7 mg
Cálcio	800 mg
Ferro*	10/15 mg
Fósforo	800 mg
Iodo	150 mcg
Magnésio*	350/280 mg
Zinco	15 mg
Sódio	500 mg
Potássio	2.000 mg
Selênio*	70/55 mcg
Cobre	1,5 – 3 mg

*O segundo valor é para as mulheres.

DOSAGENS DIÁRIAS PARA O ATLETA

Estas são as dosagens básicas, preventivas, sugeridas ao atleta visando proteção contra a agressão gerada pelos radicais livres, e que promovem supersaúde.

A consulta ao médico é necessária para adequar a suplementação às suas necessidades físicas.

Não é aconselhável a automedicação.

Vitamina A	5.000 UI
Betacaroteno	15.000 a 25.000 UI
Vitamina C	4.000 a 6.000 mg
Vitamina D	400 UI
Vitamina E	400 a 1.000 UI
Vitamina K	300 mcg
Tiamina (B_1)	75 mg
Riboflavina (B_2)	25 a 75 mg
Niacina (B_3)	50 mg
Niacinamida (B_3)	100 mg
Piridoxina (B_6)	100 mg
Folato (ácido fólico)	5.000 mg
Cobalamina (B_{12})	100 mcg
Biotina	0,3 mg
Ácido Pantotênico (B_5)	1.000 mg
Colina	500 mg
Inositol	500 mg
Molibdênio	500 mcg
Manganês	5 a 15 mg
Cálcio	1.000 mg
Ferro	mulheres 20 a 25 mg / homens 10 a 18 mg
Fósforo	1.000 mg
Iodo	150 mcg
Magnésio	400 a 650 mg
Zinco	mulheres 15 a 30 mg / homens 30 a 60 mg
Cobre	3 mg
Sódio	1.000 mg
Potássio	4.000 mg
Selênio	200 a 400 mcg
Crômio	250 a 400 mcg

Opcionais

L-aminoácidos	1.500 mg
L-carnitina	500 a 1.000 mg
L-arginina	1.000 a 1.500 mg
L-lisina	1.000 a 1.500 mg
L-prolina	500 mg
BCAA	1.000 mg (antes do exercício)
Dimetilglicina	25 a 50 mg
Coenzima Q_{10}	30 a 60 mg
Octacosanol	250 a 500 mg

NUTRIENTES E EXERCÍCIOS NA GERAÇÃO DE ENERGIA

Água
Essencial para a respiração celular e a circulação.

Antioxidantes
Betacaroteno, vitaminas C e E, selênio, zinco, superóxido desmutase (SOD) e cisteína: proteção contra agressões teciduais e articulares decorrentes da excessiva geração de radicais livres no exercício. Inibição da oxidação dos lipídios.

Vitaminas
Complexo B:
B_1: geração de energia.
B_2: controle de defesa para oxidação celular.
B_3: ação no metabolismo energético.
B_5: ação no suporte adrenal, incrementação da energia.
B_6: ação no metabolismo de proteínas e aminoácidos, melhorando a *performance*.
Ácido fólico e B_{12}: formação de glóbulos vermelhos; adequado suprimento de oxigênio.
B_9 (biotina): ação no metabolismo dos carboidratos; geração de energia.
Colina: ação nos sistemas nervoso e cerebral.
B_{15} (DMG): melhora da utilização do oxigênio.

Minerais

Cálcio: ação no metabolismo ósseo, na função muscular e na condução de impulso nervoso.

Magnésio: ação na função muscular e na condução de impulso nervoso.

Potássio associado ao magnésio: melhora do rendimento, estímulo da função muscular e dos nervos.

Zinco: melhora da *performance*, do crescimento e da reparação tecidual.

Manganês: fortalecimento dos músculos e da função celular.

Ferro: geração de glóbulos vermelhos e melhora da utilização do oxigênio.

Iodo: suporte para a tireóide.

Germânio: facilitação do transporte de elétrons, aumentando energia.

Aminoácidos

Sempre na forma espacial L; exemplos: L-arginina, L-ornitina.

Leucina, isoleucina, valina: energia muscular.

Arginina: desenvolvimento muscular, estímulo do hormônio do crescimento.

Ornitina: ação com a arginina, potencializando sua ação.

Carnitina: utilização das gorduras, geração de energia.

Tirosina: hormônio tireoidiano e neurotransmissores.

Triptofano: melhora do sono e da motivação.

Fenilalanina: neurotransmissores, melhora da *performance* mental, reduz dor no exercício.

Lisina: suporte e reparação tecidual, sistema imune.

Prolina: suporte tecidual.

Outros

Enzimas digestivas (tripsina, papaína, pancreáticas): redução da inflamação, melhora da absorção dos nutrientes.

Enzimas antioxidantes superóxido desmutase (SOD) e catalase (Cat.): proteção contra a ação oxidativa, diminuição de inflamações.

Ubiquinona (CoQ_{10}): melhora da função cardíaca, aumento da queima de gordura.
Inosina: energizante através da formação do ATP.
Ginseng: energizante.
Ácidos graxos essenciais (GLA): antiinflamatórios.
Octacosanol: aumento da energia.
Triglicérides de cadeia média (MCT): transformação rápida em energia.
Extratos de órgãos: adrenal, coração, tireóide, articulação: melhoram ação orgânica específica.
Fígado: aumento da energia.
Fitoterápicos (como ginseng, guaraná): efeito ergogênico (para gerar energia).
Hormônio DHEA, precursor do hormônio do crescimento: aumento da massa muscular.
Hormônio do crescimento: aumento da massa muscular, mais energia.
Hormônio tireoidiano: aumento da energia.

PREPARATIVO ALIMENTAR E PRÉ-EXERCÍCIO

Procure se alimentar com adequada quantidade de carboidratos para nutrir e reabastecer seus músculos, que assim estarão prontos para entrar em atividade.

Uma refeição rápida (*snack*) uma hora antes do exercício o ajudará a se manter sem fome e com bom nível glicêmico.

Caso vá se exercitar por mais de 60 a 90 minutos, dê preferência a carboidratos de baixo índice glicêmico, pois assim eles demorarão para ser metabolizados, gerando energia para ser usada por longo período de treino.

Se o tipo de exercício for de menos de 60 minutos, simplesmente consuma algo leve de fácil digestão, como uma fruta.

Cuidado com o uso indiscriminado de açúcar (refrigerantes, bebidas de reposição, mel e doces) pelo risco de promover hiperglicemia e, como efeito secundário, hipoglicemia.

Dê sempre preferência a alimentos de índice glicêmico baixo.

Evite alimentação muito rica em gorduras e proteínas.

Calcule o tempo adequado para digestão, pois uma refeição altamente calórica levará de 3 a 4 horas para ser processada, ao passo que uma dieta mais leve levará menos tempo. Para exercícios intensos é importante haver um maior período reservado para a digestão.

Beba água em abundância para evitar desidratação. São recomendados 2 a 3 copos de água 90 minutos antes do treino, pois assim haverá tempo útil para eliminar o excesso antes do início da atividade. Beba mais de 1 a 2 copos de água de 5 a 10 minutos antes do exercício.

REFEIÇÕES RÁPIDAS – SNACKS

Importante entre as refeições, os *snacks* mantêm o nível energético e metabólico e impedem episódios de queda energética por hipoglicemia.

Eles evitam que você fique com muita fome na próxima refeição e com isso não respeite o seu programa dietético, acabando por se alimentar sem o devido controle.

Caso tenha desejos por doces, faça uso de uma alimentação com mais calorias, tanto no café da manhã como no almoço.

Comer um doce como sobremesa não indica problema; o que não deve ocorrer é fazer uma refeição só de doces!

O uso de doces antes do exercício não é recomendado para algumas pessoas, pois geram episódios de hipoglicemia e fadiga.

BEBIDAS DE REPOSIÇÃO – SPORT DRINKS

As bebidas de reposição são produtos cuja concepção é excelente: porém muito cuidado, a maioria contém muitos aditivos químicos ou é excessivamente doce.

Uma solução seria a diluição do suco de frutas com água mineral, evitando assim grande quantidade de suco.

Diluir suco de frutas com minerais é uma boa idéia. Podem-se associar vitamina C em pó, minerais como cálcio, magnésio, potássio e complexo de aminoácidos em pó.

Para eventos longos, uma bebida levemente adocicada como suco de frutas mais água mineral é excelente, pois fornece algumas calorias e energia. O uso de soluções eletrolíticas de carboidrato, durante o exercício, promove maior resistência, segundo estudo publicado pelo Departamento de Ciência do Esporte da Universidade Loughborongh, Inglaterra.

Não se influencie por propagandas desses produtos, pois não passam de água associada a diversos produtos químicos: sucrose (açúcar refinado), glicose (mais açúcar refinado), sal, citrato de sódio (mais sal) e corante amarelo n°s 5 e 6. Essa composição assemelha-se à de algum produto usado para remover tinta das paredes. Por lei, essas bebidas devem dizer no rótulo que quantidade de suco de frutas elas contêm. Observe no rótulo desses produtos, em letras tão pequenas que você precisará de óculos para ver: "Não contém suco de frutas".
Uma bebida de frutas sem frutas?
O que será melhor, seda ou poliéster? Diamante ou zircônio, suco de frutas ou a maioria das bebidas de esportistas? Não há comparação entre o real e o falso, em tudo!

BARRAS ENERGÉTICAS – SPORT BARS

Existem diversas marcas no mercado, porém elas valem a pena? Alguns atletas acham que sim, outros, que não.

Novamente a concepção é boa, porém a maioria delas possui muitos produtos conservantes, muito açúcar, o que pode promover episódios hipoglicêmicos, além de poder ser mais um elemento para provocar alterações na ecologia intestinal, causando má assimilação, como gases e constipação.

Por outro lado, são extremamente práticas no sentido de reposição energética antes ou durante o exercício.

Deve-se dar preferência às barras com pouca gordura e açúcar livre por serem mais bem digeridas e que contenham nutrientes que possam realmente vir a somar na atividade física.

VEGETARIANOS E ATLETAS

A alimentação baseada em vegetais é, sem dúvida nenhuma, fundamental para a boa saúde, promovendo mais fibras, menos gordura saturada, menos colesterol e mais fitoquímicos, substâncias ativas importantes na prevenção e no tratamento de doenças como o câncer.

O inconveniente em relação ao método vegetariano genuíno é que a maioria das proteínas vegetais tem deficiência de certos aminoácidos (lisina, metionina, triptofano e treonina) e não se constitui como a principal fonte de proteína. Muitas vezes, com o cozimento inadequado dos vegetais, estes liberam inibidores enzimáticos da tripsina que deturpam a digestão das proteínas.

Há estudos mostrando que a mulher vegetariana e fisicamente ativa tem maior risco de desenvolver deficiências de proteínas, ferro e zinco. Apresentam eventualmente amenorréia (ausência de menstruação). Estatisticamente, as irregularidades menstruais são 26,5% mais freqüentes na mulher vegetariana contra 4,9% nas não vegetarianas. Como conseqüência, apresentam ainda risco de sofrerem fraturas por estresse quatro ou cinco vezes mais que as atletas que menstruam normalmente.

DESENVOLVENDO UM PROGRAMA DE EXERCÍCIOS

É necessário a discussão e definição de alguns termos:
1. Exercícios cortical e límbico
2. Fibras musculares: tipo I e tipo II
3. Exercícios lipolítico e glicolítico

EXERCÍCIO CORTICAL

O exercício cortical é intenso, competitivo e com objetivo definido. É do tipo vai-pára, vai-pára! É desenvolvido por comandos do pensamento mental. Enfoca a técnica, o estilo, a duração e o resultado. Como exemplos, podemos citar: tênis, futebol, basquete e levantamento de peso, que são esportes de alta intensidade e precisam de análise cortical meticulosa.

EXERCÍCIO LÍMBICO

O exercício límbico é contínuo, não intenso, sem meta definida e não é competitivo. Não apresenta hiperventilação ou transpiração. Quando realizado limbicamente, o exercício chega ao fim proporcionando mais energia do que no início. A base do exercício límbico é a ausência de meta. Quando se corre limbicamente, simplesmente se corre. Não se faz esforço para correr bem, desenvolver determinada velocidade em tempo predeterminado ou correr determinada distância pré-estipulada ou correr para resolver problemas do dia. Quando se caminha simplesmente, caminha-se sem julgamentos. Exercícios límbicos são desvinculados de atenção do pensamento.

É um período para "ouvir" os seus tecidos, sentir o seu corpo, articulações, músculos, tomar consciência da respiração expandindo os pulmões, sentindo o batimento cardíaco irrigando os tecidos.

São necessários alguns minutos para entrar neste tipo de exercício, para atingir um período de reflexão, meditação, fluindo as percepções límbicas.

FIBRAS MUSCULARES TIPO I

As fibras musculares tipo I geram energia pela queima de gorduras como uma vela queimando a cera lentamente e por longo período de tempo.

Essas fibras musculares são ricas em mitocôndrias e enzimas oxidativas. São designadas para degradar gorduras e utilizar os ácidos graxos liberados das gorduras pelas suas enzimas oxidativas.

FIBRAS MUSCULARES TIPO II

As fibras musculares tipo II queimam açúcares para gerar energia rapidamente, semelhante ao que acontece com um pedaço de papel ao ser queimado: o processo dura pouco tempo. Essas fibras musculares têm poucas mitocôndrias e são pobres em enzimas oxidativas mitocondriais. Incapazes de usar ácidos graxos para gerar energia, utilizam todo o açúcar que estiver disponível, gerando energia glicolítica ou energia através de moléculas de queima do açúcar.

EXERCÍCIO LIPOLÍTICO

Exercício lipolítico é o que queima gordura. Nesse caso, as fibras musculares tipo I queimam gordura de forma lenta e constante, como uma vela queimando.

Então, este exercício requer pequena e constante quantidade de energia; dessa forma, a célula muscular (miócito) sente a necessidade energética e age de acordo.

Em geral, exercícios de queima de gordura são os límbicos.

EXERCÍCIO GLICOLÍTICO

O exercício glicolítico é o que queima açúcares. Neste exercício, as fibras musculares tipo II queimam açúcares rapidamente; é o papel queimando rapidamente.

Requer rápidas descargas energéticas para curtos períodos de tempo. A célula muscular (miócito) percebe isso e rapidamente age de acordo. Em geral, exercícios de queima de açúcares são os corticais.

CORAÇÃO DO CORREDOR
VERSUS
CORAÇÃO DO LEVANTADOR DE PESO

Quem tem o coração maior: o corredor ou o levantador de peso? Quem tem o coração mais sadio: o corredor ou o levantador de peso? Quem tem menos possibilidade de desenvolver hipertensão arterial: o corredor ou o levantador de peso?

A resposta correta é o corredor nas três questões anteriores, porque quase todo tipo de exercício tem efeitos cardiovasculares benéficos.

Exercícios melhoram a função cardíaca e aumentam o tamanho do coração. Comparando-se com pessoas de controle, os atletas competitivos têm de 15 a 20% de aumento de espessura e cerca de 45% de aumento na massa muscular do ventrículo esquerdo, quando a câmara cardíaca bomba o sangue para o corpo. A capacidade do ventrículo esquerdo de concentrar o sangue na sua câmara aumenta cerca de 10%.

Entretanto, não são todos os exercícios que têm efeitos cardiovasculares benéficos iguais. As mudanças na musculatura cardíaca causadas pelo exercício dependem também de o exercício ser isotônico (contração muscular acompanhada de movimento) ou isométrico (contração muscular não acompanhada de movimento).

O coração dos levantadores de peso, que fazem exercícios isométricos gerando estresse pressórico no coração, se torna mais forte e maior em proporção ao desenvolvimento e tamanho dos outros músculos.

O coração do corredor, que realiza exercícios isotônicos gerando estresse volumétrico ao coração, em contraste, se torna muito maior (e funcionalmente mais forte) do que o do levantador de peso. A razão desse fenômeno é simples: o coração do levantador de peso sustenta intensa atividade muscular por poucos momentos, enquanto o coração do corredor reconhece que ele tem de suportar os tecidos corpóreos por longo período de tempo. Os dois corações mudam em seu tamanho e sua força em resposta à demanda imposta a eles.

Deve ficar claro que o levantador de peso que se limita basicamente a exercícios de levantamento de peso, ou seja, exercícios isométricos, que são quase exclusivamente queimadores de açúcares, corre risco maior de hipertensão e suas complicações do que uma pessoa que não faz exercício algum.

TECIDO CONJUNTIVO E O CONDICIONAMENTO FÍSICO

Como um gato sabe o quanto ele deve se alongar? Como um cachorro sabe o quanto pode alongar o seu dorso? Como um canário sabe com que intensidade e por quanto tempo deve bater as suas asas antes de voar em cada manhã?

A resposta é simples. Podemos colocar a tensão no nosso tecido conjuntivo, nos ligamentos, tendões e músculos, o que eles aceitam naturalmente, sem provocar nenhuma reação de protesto deles!

Ou seja, precisamos aprender o quanto de energia os tecidos agüentam antes de se rebelarem. O tecido conjuntivo recupera sua natural elasticidade e mobilidade com movimentação espontânea.

O bom entendimento do que é o tecido conjuntivo denso, como ele funciona e como ele fica agredido é de importância básica num programa de condicionamento físico. O tecido conjuntivo conecta todos os tecidos e nenhum tecido pode se manter estrutural e funcionalmente sem o suporte dele.

O condicionamento muscular não pode ser atingido sem o trabalho no tecido conjuntivo. Não é possível se chegar a um condicionamento cardiovascular sem o suporte do tecido conjuntivo. Todo o metabolismo e função orgânica são também suportados pelo tecido conjuntivo. Ou seja, sem essa conecção os tecidos seriam nada mais que estruturas soltas, sem função, incapazes de gerar movimento, respiração, etc. Portanto é evidente que o tecido conjuntivo deve ser protegido contra agressões em qualquer programa de condicionamento físico. Essas agressões ao tecido conjuntivo são a principal razão pela qual muitos atletas abandonam suas metas e até suas atividades físicas.

ASPECTOS ANATÔMICOS DO TECIDO CONJUNTIVO

As células do corpo humano devem ser vistas como tijolos, e é o tecido conjuntivo que as mantém unidas. É encontrado em diferentes proporções em todos os tecidos, sendo composto de fibroblastos e células masenquimais, que são essenciais para a reparação do tecido quando lesado ou agredido. Nesses momentos, promove a ação de colar uma célula nas outras, quando essa parede de tijolos é quebrada.

ASPECTOS FISIOLÓGICOS DO TECIDO CONJUNTIVO

O tecido conjuntivo apresenta a sensibilidade de responder às solicitações, independente de intensidade e reagindo sempre de acordo. Não somente pode promover ajustamentos funcionais como se adaptar de acordo com as mudanças de solicitação.

Por exemplo, as células podem se transformar em osteoblastos e formar estruturas ósseas ou se transformar em condroblastos e desgastar as cartilagens, ou assumir o papel celular de formar novos vasos sangüíneos para o transporte de mais sangue e nutrientes. Quando os tecidos são lesados, o tecido conjuntivo sintetiza colágeno, importante na reparação da ferida.

Alguns tecidos são quase exclusivamente tecido conjuntivo. Por exemplo, os ligamentos, tendões e aponeuroses, estruturas muito fortes, que conectam fibras musculares com os ossos.

O tecido conjuntivo é o tecido de proteção para músculos, cartilagens (estruturas que cobrem as superfícies ósseas articulares) e tecidos moles.

ASPECTOS FUNCIONAIS DO TECIDO CONJUNTIVO

O tecido conjuntivo é altamente resistente e apresenta um alto grau de elasticidade, retornando rapidamente a sua situação original depois do alongamento.

ASPECTOS PATOLÓGICOS DO TECIDO CONJUNTIVO

As agressões teciduais ao tecido conjuntivo por esportes ou acidente lesam os tendões e ligamentos. Isto é muito comum, ao contrário das lesões musculares, que são mais raras.

As agressões musculares, em geral, se curam rapidamente, enquanto as do tecido conjuntivo têm uma recuperação muito lenta. Uma razão óbvia para isso é o fato de que os músculos são estruturas altamente vascularizadas, enquanto os tecidos conjuntivos não.

Em síndromes dolorosas e crônicas do pescoço e da região lombar, o ponto crítico da dor é situado no tecido conjuntivo muito mais freqüentemente do que nos músculos. E é por isso que os benefícios clínicos são maiores quando o foco do tratamento é feito sobre o tecido conjuntivo agredido e não no músculo.

INICIANDO A ATIVIDADE FÍSICA

AVALIAÇÃO FÍSICA

É indispensável uma avaliação clínica antes de iniciar um programa de exercícios.

Basicamente, ela consiste num perfil cardiovascular e nutricional do indivíduo. Atualmente, com os danos causados pela dieta moderna e vida noturna, álcool, cigarro, alto nível de estresse, muitos acreditam que o exercício será a solução. Em parte é verdade. Porém, para iniciarmos uma atividade física, devemos estar em perfeitas condições clínicas e nutricionais, caso contrário estaremos criando mais estresse, o que pode ser a gota d'água num processo global de estresses que pode levar a conseqüências até fatais.

Para evitar qualquer risco na prática de exercícios físicos (principalmente para os sedentários), deve-se procurar um médico para uma avaliação, principalmente quando a pessoa:

- tiver mais de 35 anos de idade;
- não estiver praticando exercícios físicos regularmente nos últimos 5 anos;
- fumar;
- tiver pressão alta;
- tiver colesterol elevado;
- tiver sinais ou sintomas de qualquer doença;
- estiver se recuperando de alguma doença séria ou em tratamento médico, como no caso de uma cirurgia;
- usar marcapasso.

Atualmente, existem métodos não invasivos (como, por exemplo, o teste cardiopulmonar) que permitem determinar índices de limitação funcional, tanto para indivíduos sedentários que desejam praticar atividades físicas, quanto para atletas de diversas modalidades que necessitam monitorar objetivamente a evolução do treinamento.

As informações de maior impacto no processo de decisão clínica e na prescrição da atividade física incluem a determinação do consumo máximo de oxigênio (VO_2 máx.), que se refere ao maior volume de oxigênio que o indivíduo consegue captar, respirando ar atmosférico durante um exercício de carga crescente, por unidade de tempo, e o limiar anaeróbio (LA), que representa um momento da atividade física no qual a velocidade de produção de ácido láctico, por metabolismo anaeróbio, excede a velocidade de remoção.

O perfil nutricional compreende exames que determinam concentrações e vitaminas e aminoácidos no plasma, atividade oxidante e antioxidante, além do estudo e da adequação do hábito alimentar.

INDUMENTÁRIA

O principal é que a roupa seja confortável e com elementos de proteção adequados. O mesmo vale para o calçado. Para cada tipo de exercício existe um calçado mais apropriado com suporte estável para o tornozelo e o pé, o que previne agressões nos tecidos.

Para o atleta de elite, cada vez mais tem se aperfeiçoado a indumentária e os componentes para cada modalidade esportiva. No ciclismo, por exemplo, aperfeiçoa-se cada vez mais o capacete, que é um item obrigatório, melhorando sua aerodinâmica, e a bicicleta está cada vez mais leve e resistente.

Na natação, sofistica-se o material usado nas roupas, como os maiôs de corpo inteiro, com menor resistência ao impacto da água; as toucas com óculos embutidos numa única peça melhoram a aerodinâmica e o uso de lentes especiais proporciona um aumento de visibilidade.

Nas modalidades que requerem uniformes, os novos materiais ajudam o corpo a se livrar do suor e do calor.
Os tênis utilizam tecnologia para diminuir lesões e economizar energia. Os solados têm colchão de ar com dutos interligados (tecnologia usada em pneus de aviões, ou seja, tudo o que pode significar ganho de alguns centésimos de segundos, o suficiente para garantir a vitória).

AQUECIMENTO PRÉ-EXERCÍCIO

Essa atividade refere-se ao aumento da temperatura corpórea, compreendendo o aquecimento do tecido conjuntivo, dos músculos e de outros tecidos orgânicos.

Esse aquecimento é importante, pois é a temperatura que controla a eficiência das enzimas metabólicas e orgânicas. Caso tenhamos uma redução de temperatura corpórea, a eficiência das enzimas fica comprometida, como é o caso de uma pessoa com hipotireoidismo, que tem temperatura corpórea baixa, apresentando baixo nível energético e metabolismo lento.

No aquecimento é importante aumentar a temperatura corpórea de forma lenta antes de iniciar atividade física vigorosa. É muito freqüente pessoas que rompem seus tendões ou ligamentos com atividades físicas abruptas, sem um pré-aquecimento.

ALONGAMENTO PÓS-EXERCÍCIO

O alongamento pós-exercício é tão importante quanto o realizado no pré-exercício. Aconselha-se que seja até mais intenso e prolongado que o alongamento pré-exercício. A razão principal é diminuir a possibilidade de lesões teciduais pela abrupta mudança de atividade muscular.

EXERCÍCIOS PARA INICIANTES FUGINDO DE DOENÇAS

Movimento é uma condição essencial para a vida. Desde tempos remotos, a humanidade já se movimentava, porém sem saber se isso trazia benefícios ou não para o organismo. O uso do movimento era então para se locomover, ter acesso à natureza, como parte do dia-a-dia, de forma inconsciente.

Cada vez mais existe uma não-necessidade da locomoção a pé, procurando-se maior comodidade por meio do carro, do elevador, ou seja, eliminando-se a atividade física do caminhar e com isso promovendo o sedentarismo, tão prejudicial à saúde devido à degeneração precoce de todas as estruturas orgânicas.

As pessoas em mau estado físico precisam recuperar sua movimentação, seu exercício. É importante entender que o exercício requer continuidade para ser eficiente e estimular as enzimas de queima, promovendo o aumento do número de mitocôndrias, estimulando a eficiência enzimática e potencializando a queima de gorduras. Esse processo não pode ser feito às pressas, pois se assim for só gerará dores musculares ou articulares.

O exercício precisa ter espaço em nossa vida, pois, se não encontrarmos tempo para executá-lo, certamente no futuro teremos de arrumar tempo para as doenças.

Caminhada: tem sido bom para a espécie humana. O movimento é necessário para ativar o metabolismo e gerar energia para a vida. Não é preciso ter metas específicas e equipamento sofisticado. Qualquer hora é hora!

Rápidas caminhadas (com passadas largas): atualmente, são consideradas o melhor procedimento para a saúde, não só por serem mais eficientes no estímulo de queima de gorduras como por não promoverem agressões e sobrecargas orgânicas importantes, gerando benefícios consistentes para a saúde.

Todos os programas de exercícios podem ser perigosos para iniciantes. Um excelente método é ter um controle de pulsação, específica para cada idade, devendo exercitar-se na faixa em torno dos 70% de cada faixa etária, como indica a tabela a seguir.

TABELA DE PULSO

Idade	70%	85%	Máximo
5	150	180	215
10	150	175	210
15	145	170	205
20	140	170	200
25	140	170	200
30	135	165	195
35	132	162	190
40	130	160	185
45	125	155	180
50	115	145	170
55	110	140	165
60	105	135	160
65	105	130	155

GASTOS CALÓRICOS NAS ATIVIDADES

A tabela seguinte fornece o número de calorias usadas por hora para diversas atividades metabólicas. Estas informações podem ser usadas para determinar de forma estimativa a quantidade de calorias consumidas enquanto se está exercitando moderadamente. Se o treino for mais intenso, é preciso repor as calorias por meio da alimentação.

Atividades	Calorias gastas
Dormindo	80
Sentado	100
Guiando	120
Em pé	140
Na organização de casa	180
Em caminhada de 2,5 mph	210
Em caminhada de 5 mph	585
Na jardinagem	220
Nadando	300
Correndo	400

Para conseguir a queima de 0,5 kg de gordura, uma pessoa utiliza aproximadamente 4.000 cal (significa que uma pessoa precisa caminhar cerca de 10 km).

A tabela anterior explica por que aqueles que tentam perder peso só com exercício não conseguem sucesso em médio prazo. Por exemplo, o indivíduo precisa correr duas horas para queimar as calorias contidas numa refeição à base de *cheeseburger*, batatas fritas e um sorvete. Após esse tempo, ele estará novamente com fome para comer outra refeição similar a esta.

SÍNDROME DO EXCESSO DE TREINOS

Caracteriza-se por uma variedade de manifestações clínicas e laboratoriais que promovem a diminuição de *performance* do atleta. Algumas manifestações são mais pronunciadas, como: diminuição de testosterona; elevação do cortisol (hormônio esteróide secretado pela glândula adrenal); diminuição da relação testosterona/cortisol; destruição de glóbulos vermelhos (hemólise); anemias e diminuição de *performance*; elevação de enzimas citoplasmáticas (secretadas pela parte não nuclear da célula) e amenorréia em mulheres (falhas de menstruação).

Esta síndrome foi intensivamente discutida pela comunidade médica no 39º Encontro Anual do Colégio Americano de Medicina Esportiva, em maio de 1992, Dallas.

Segundo o Dr. Neil Gordon, do Instituto Cooper para pesquisas, em termos práticos devemos estar atentos ao aparecimento de alguns sinais de excesso de treinos e de aumento de produção de radicais livres, tais como:

- Mudanças no padrão de sono, especialmente insônia.
- Maior tempo na cicatrização de pequenos ferimentos ou cortes.
- Hipotensão arterial e tonturas ao levantar-se.
- Distúrbios gastrointestinais, especialmente diarréia.
- Perda gradual de peso, sem dieta ou aumento de atividade física.
- Aumento de freqüência cardíaca durante sessões básicas de exercício.
- Sensação de pernas pesadas no exercício.

- Dificuldade de concentração e deterioração da acuidade mental.
- Dificuldade de completar as sessões de treinamento de rotina, as quais não eram problema anteriormente.
- Aumento da freqüência cardíaca de repouso (medida pela manhã) em mais de 10 batimentos/minuto.
- Sede excessiva e aumento do consumo de líquidos à noite.
- Aumento de susceptibilidade a infecções, alergias, dores de cabeça e lesões.
- Letargia e cansaço.
- Perda de apetite.
- Perda do entusiasmo, do controle e da motivação (atletas ou outras pessoas que normalmente têm prazer no exercício).
- Diminuição da libido e do interesse sexual.
- Irregularidade ou ausência de menstruação em mulheres em fase de pré-menopausa.
- Dores musculares e articulares.
- Cansaço persistente por mais de 24 horas após o treino.

Caso observe um ou mais desses sinais e suspeite estar treinando em excesso, diminua essa atividade e observe se há evolução dos sintomas. Havendo persistência das manifestações, procure um médico.

EXERCÍCIO E ALTERAÇÕES METABÓLICAS

EXERCÍCIO E DOENÇA CARDÍACA

A doença cardíaca é a que mais faz vítimas nos países desenvolvidos. Deve haver um bom monitoramento para que a pessoa não se exercite com muita intensidade e não provoque um aumento da atividade do sistema nervoso simpático, que vai acelerar ainda mais o coração e aumentar a pressão arterial. O grau de estimulação simpática, o mesmo gerado por estresse físico ou mental, pode elevar a pressão arterial entre 40 e 60 mmHg, o que pode colocar o indivíduo em risco de vida.

O conselho comum dado para que se chegue até 70% de freqüência máxima durante o exercício parece fora de propósito, pois pode ser eficiente para alguns e até fatal para outros. O especialista deve sentir até onde a pessoa pode ir e não fixar valores numéricos de freqüência cardíaca.

EXERCÍCIO E HIPERTENSÃO

Hipertensão é uma patologia silenciosa que pode se apresentar sem sintomas nos primeiros estágios e passar despercebida por anos. O indivíduo com hipertensão não sente dores, por isso não procura o apoio médico. Hipertensão nada mais é do que o endurecimento das artérias. As artérias são agredidas e se tornam resistentes. Nos períodos iniciais de hipertensão normalmente se consegue resposta terapêutica com mudanças nutricionais e no estilo de vida e com exercícios iniciados lentamente.

Infelizmente essa resposta não é igual nos pacientes com hipertensão moderada ou de grau severo. O que se consegue de positivo com os exercícios é a diminuição da quantidade de remédios. Em alguns casos, com o uso persistente de certos nutrientes, normalizam-se os valores pressóricos.

EXERCÍCIO E ESTADO DE ANSIEDADE / SÍNDROME DO PÂNICO

Tanto a ansiedade como a síndrome do pânico são causadas por desequilíbrio molecular. Ocorre hipervigilância adrenérgica, com produção excessiva de adrenalina e outras moléculas geradas pelo estresse, o que é muito freqüente atualmente. É, portanto, um estado de estresse cuja bioquímica se altera pela excessiva quantidade de adrenalina liberada, pela diminuição de neurotransmissores, pelo excesso de consumo de insulina e períodos de diminuição da energia. Para situações de agressões geradas pelo estresse de forma aguda, as drogas químicas são efetivas no controle dos sintomas, porém, em médio prazo, esses remédios propiciam poucos resultados práticos. Para sintomas crônicos, terapias nutricionais, métodos de auto-regulação e exercícios físicos oferecem bons resultados.

Exercícios aeróbios nas fases iniciais acompanhados por suporte externo são de grande valia, ou com *personal trainer* ou classes de aeróbica.

EXERCÍCIO E DEPRESSÃO

Para as situações de crise de autocontrole com tendências suicidas, remédios químicos e terapias podem ser necessários. Depressões profundas são geralmente muito difíceis de ser resolvidas sem remédios químicos.

Para indivíduos com depressão, o período da manhã normalmente é bem difícil, pois eles se sentem mais desestimulados.

Nesse caso, não há nada melhor em termos de exercício do que os realizados em ambiente aberto, visualizando o nascer do sol, através de exercícios aeróbios inicialmente assessorados por um treinador ou classes de SPA, por exemplo.

Isso ajuda a melhorar a qualidade de sono da próxima noite, o que é importante fator na recuperação.

EXERCÍCIO E ARTRITE

Indivíduos com artrite requerem longo período de relaxamento no processo de aquecimento pré-exercício. Alongar bem os ligamentos, músculos e tendões significa reduzir os riscos de lesões de fibras desses tecidos. Há evidências de que há um aumento da quantidade de líquido no espaço entre as cartilagens e as articulações nos períodos iniciais do exercício, reduzindo o risco de agressão dessas áreas. A intensidade e a duração do exercício devem ser lentas e progressivas, sendo a natação e os programas de hidroginástica os mais indicados. Outras opções seriam exercícios sem impacto ou de baixo impacto.

EXERCÍCIO E OSTEOPOROSE

A indústria do leite tem feito um trabalho fantástico, convencendo a todos de que a osteoporose é um distúrbio do cálcio, cuja melhor terapêutica é beber grande quantidade de leite ou comer seus derivados. Os fabricantes de cápsulas de cálcio se inspiraram no sucesso financeiro da indústria do leite. Mas é importante saber que o cálcio sozinho não funciona para a osteoporose.

Quando se faz uso de grande quantidade de derivados do leite, o que se consegue é uma deposição do cálcio nas artérias (induzindo o processo da arteriosclerose), nos rins (cálculos renais), na vesícula biliar (cálculo biliar), nas articulações (artrose/artrite), nos olhos (catarata), além de ocasionar rarefação óssea (osteoporose).

Na realidade, o que provoca a osteoporose é uma alteração hormonal, progesterona em pouca quantidade, que acarreta o processo de perda óssea. Muitos acreditam que o culpado é o estrogênio, porém os estudos não têm indicado isso. A osteoporose é causada por lesão oxidativa dos receptores hormonais e de outras moléculas no osso, intimamente relacionada com a deposição de cálcio, fósforo, magnésio, boro e outros minerais na matriz óssea. Portanto, seja qual for a quantidade de cálcio consumida, não vai resolver sozinha o problema de osteoporose.

Osteoporose é a perda da matéria óssea, tornando frágeis os ossos, sujeitos, então, a fraturas mais freqüentes, de acordo com a progressão do quadro.

O osso é um tecido vivo. Durante a vida ocorre uma perda de material ósseo e também uma constante formação óssea. A atividade física diminui o processo de perda e promove formação de novas estruturas ósseas. O básico nesse contexto é que o osso neoformado seja estimulado pela solicitação da atividade física.

Para a prevenção e reversão de osteoporose, precisamos dirigir aos ossos pressão repetitiva em baixa intensidade, no sentido axial do seu alinhamento. Portanto, para o fortalecimento vertebral e ósseo em geral, o exercício ideal é a cama elástica e a caminhada.

Há três pontos que devem ser atingidos no tratamento da osteoporose:

1º Exercício regular, que coloque estímulo nos ossos, como já foi citado, para promover nova formação óssea.

2º Normalização do desequilíbrio hormonal com progesterona natural.

3º Alimentação enfatizando fibras e vegetais (60% da dieta): proteína animal e alimento refinado industrializado em pouca quantidade. Dessa forma, certamente se estará recebendo a dosagem de cálcio adequada.

EXERCÍCIO E DISTÚRBIO GASTROINTESTINAL/FLATULÊNCIAS

Atualmente, problemas comuns de desordem de ecologia intestinal são o principal fator da formação de gases no tubo gastrointestinal. Muitas vezes, rotulamos certos problemas intestinais de simples disbiose como sendo: cólon irritável, colite espasmódica, síndrome de hipermotilidade, colite ulceraliva etc. Esses problemas nada mais são, a princípio, do que alteração da ecologia intestinal, possivelmente por uso de alimentação inadequada, alergia alimentar, desequilíbrio do ácido básico, parasitose intestinal, excesso de fungos no intestino, prolongado trânsito intestinal, alternando constipação e diarréia, que resultam em distúrbios de digestão e absorção.

O exercício nesses casos estimulará o peristaltismo da musculatura intestinal, acelerando o trânsito intestinal. Esses fatores facilitarão a expulsão dos gases durante a movimentação das alças intestinais. Está, portanto, associada ao exercício a recuperação dessa ecologia intestinal.

EXERCÍCIO E ASMA / DOENÇAS RESPIRATÓRIAS

Muitas vezes o exercício acaba induzindo as crises de asma, potencializadas pelo ar frio; ou seja, um mecanismo reflexo pulmonar, alteração de neurotransmissores.

Quando se procura fazer o exercício de forma límbica, relaxado e sem cobranças ou metas, a viabilidade de induzir espasmos diminui muito.

No caso de atletas em que a meta é a competição, a situação é diferente: ele deve ser orientado para tomar a medicação específica.

Em casos de problemas respiratórios crônicos, também é recomendado o exercício límbico por sua boa atuação.

Deve-se procurar fazer uma dieta com pouca quantidade de alergênicos, com especial atenção ao consumo de leite, aveia e ovos, assim como outros potenciais alergênicos (como pólens, poluentes, gases etc.). A suplementação de magnésia e vitamina C em doses adequadas para cada pessoa tem mostrado benefícios clínicos importantes.

Os atletas devem levar em consideração o fator ambiental. Por exemplo, um nadador de competição pode ser alérgico a cloro, especialmente se a prova é em piscina coberta. O corredor que inala alergênicos pode potencializar a asma, dependendo do local onde corre e da estação do ano.

Pensar na alimentação antes do exercício e no ambiente que se tem em volta durante o exercício é simplesmente atitude de bom-senso.

EXERCÍCIO E HIPOTIREOIDISMO

Há vários fatores que promovem estresse oxidativo na tireóide, inativando a enzima *di iodinase*, havendo falha na conversão dos precursores inativos ao hormônio tireoidiano metabolicamente ativo.

Essa disfunção de tireóide causa diminuição de energia e a síndrome da desregulação da temperatura corpórea, com aparecimento de mãos e pés finos.

O hormônio tireoidiano é fundamental para o correto funcionamento das enzimas geradoras de energia. Muitas pessoas procuram resolver seus problemas de extremidades frias com exercício extenuante. Com isso, certamente terão um aumento da temperatura corpórea, por certo período de tempo, causado pelo aumento da atividade metabólica. Entretanto, o exercício extenuante causará hiperventilação e transpiração, fatores que promovem o resfriamento do corpo, não se conseguindo, portanto, o resultado desejado. Devem-se, então, evitar exercícios intensos nesse caso, pois não serão a solução.

Espasmos arteriais são comuns em indivíduos com hipotireoidismo; assim, deve-se suplementar essa disfunção da tireóide com aminoácidos precursores dos hormônios tireoidianos ou com eles próprios.

EXERCÍCIO E HIPOGLICEMIA

A alimentação moderna, muito rica em açúcar, é o principal causador dos episódios de hipoglicemia-hiperglicênica alterados. Isso ocorre por uma desregulação das enzimas responsáveis pela queima de açúcar.

O metabolismo humano utiliza três fontes de energia: carboidratos, proteínas e gorduras.

Classicamente, no controle da hipoglicemia se usam proteínas em vez de carboidratos, o que é efetivo para a maioria das pessoas. Para os que não têm melhora com essa medida, devem-se enfatizar as gorduras poliinsaturadas como fonte de energia ou derivados de leite.

O exercício lento e prolongado é a melhor forma para se normalizar a função das enzimas que queimam açúcares e para as enzimas que queimam gorduras.

Estudos epidemiológicos sugerem que indivíduos fisicamente ativos são muito menos sujeitos a desenvolver diabetes melito não insulino resistente ou distúrbios de tolerância à glicose.

O exercício aumenta o controle sobre a produção de glicose hepática, melhorando o controle sobre a insulina sangüínea e o nível dos ácidos graxos livres.

EXERCÍCIO E ESTRESSE ADRENAL CRÔNICO

Para as pessoas que estão com estresse adrenal crônico, o melhor é iniciar lentamente a atividade física, evitando-se exercícios extenuantes, que podem até gerar melhoras limitadas e temporárias, mas podem ser um fator a mais de estresse. É possível também desencadear processos patológicos agudos, desde simples lesões de tendões até infarto de miocárdio. Normalmente é necessário uma melhora nutricional, para que se possa conviver com este alto grau de estresse e ter benefícios com os exercícios.

O exercitar limbicamente, de preferência no início da manhã, quando o contato com o sol é extremamente benéfico, é a melhor opção.

EXERCÍCIO E O IDOSO

Com o envelhecimento, as demandas e necessidades metabólicas são atendidas com a atividade física. O exercício tem a função de melhorar a função cognitiva do idoso, promovendo sensação de bem-estar físico, mental e emocional.

O raciocínio melhora porque há uma ativação do sistema enzimático. No envelhecimento, as fibras musculares perdem proteínas, havendo degeneração de ligamentos e do tecido conjuntivo por oxidação e, como conseqüência, perda da elasticidade. Nos ossos há perda de matriz óssea e de minerais, com seu afinamento. Todos esses elementos levam à perda de fluidez e resistência no tecido conectivo, nos músculos e nos ossos.

Exercício lento e freqüente previne a perda muscular e promove nova formação óssea.

Deve-se começar com exercícios límbicos que promovem um preparo para a melhor movimentação muscular ou a hidroterapia, no caso dos idosos com dificuldades musculares ou problemas no tecido conjuntivo.

Vida é movimento, e isso é evidente para os tecidos conjuntivos e músculos. A inatividade física é a maior punição para os tecidos envelhecidos, facilitando o aparecimento de artrites, tendinites, bursites, miosites, fibromialgia e outras doenças correlacionadas com o avanço da idade. A proposta é usá-los ou perdê-los.

EXERCÍCIO E OBESIDADE

No caso da obesidade severa, o exercício é uma tortura. Caminhadas, corridas, bicicleta para perder tecido gorduroso são proposições de punição, de ilusão de emagrecimento compartilhadas com a realidade de dores musculares, inflamações nos tendões e ligamentos e agressão espiritual.

Poucos minutos de exercício são como horas de castigo. Essa punição parece durar eternamente.

A ilusão de que se está queimando gordura com o exercício e com dietas especiais persiste.

O que o obeso precisa entender é a verdadeira natureza da obesidade e mudar o seu modo de ser. Três pontos importantes sobre o metabolismo humano devem ser lembrados:

1º Comer menos e fazer jejum promovem diminuição de metabolismo.
2º Comer mais e fazer atividade física aceleram o metabolismo.
3º Substâncias químicas tóxicas promovem envenenamento das enzimas metabólicas e causam obesidade.

Regimes não funcionam. Os alimentos são o combustível da fornalha do metabolismo humano; o exercício aumenta esse fogo. O único meio de a gordura em excesso ser perdida consiste na regulação das enzimas que queimam gorduras; especialmente nesses casos, elas estão lentas e desreguladas. Então, o único meio de ativar as enzimas que queimam gorduras é comendo mais e fazendo mais exercício, lento e freqüente.

EXERCÍCIO E DORES MUSCULARES

No caso dos atletas de final de semana, o uso de antioxidantes oferece um benefício importante na atenuação das dores musculares, principalmente para os idosos que se exercitam vigorosamente. Indivíduos desacostumados ao exercício apresentam dores musculares causadas pelas lesões microscópicas na musculatura, podendo apresentar sinais de danos dias após o exercício.

Os jovens tendem a reagir melhor em resposta a estas condições de exercício, enquanto os idosos não. A suplementação de vitamina E recupera a resposta imune, a qual acelera a reparação muscular no músculo agredido e diminui a produção de radicais livres tanto no jovem como no idoso.

Esportistas em "perigo no final de semana" são os que querem tirar a diferença da falta de atividade física durante a semana, exercitando-se em excesso para se condicionar num dia só. Aos idosos que se exercitam vigorosamente, aconselha-se o uso de um multivitamínico e um mineral, vitamina C (1 a 2 g/dia) e vitamina E (100-800 UI/dia) junto com dieta rica em frutas e vegetais.

COMO OS NUTRIENTES AGEM INTEGRADOS

Vitaminas e minerais ajudam a regular a conversão do alimento em energia no nosso organismo e podem ser separados em duas categorias:
Nutrientes energéticos, ligados à conversão do alimento em energia.
Nutrientes protetores, que ajudam na defesa orgânica contra as toxinas geradas a partir de remédios, drogas, álcool, radiação e poluentes ambientais.

O complexo B e o magnésio são exemplos de nutrientes energéticos pela ativação de facilitadores metabólicos (enzimas) que controlam a digestão, a absorção e o uso de proteínas, gorduras e carboidratos.

Esses nutrientes normalmente agem como uma equipe ou time, cuja presença mútua aumenta a função uns dos outros.

No processo de conversão de alimentos em energia, são produzidos radicais livres que podem lesar o organismo, causando degeneração e envelhecimento precoce.

Nutrientes protetores como vitamina E, betacaroteno, vitamina C e minerais (zinco, cobre, manganês e selênio) desempenham papel crucial na prevenção de processos degenerativos. As vitaminas E, A e C agem em conjunto como um time, protegendo contra essa situação, e cooperam entre si para se manterem em níveis adequados nos tecidos.

Diversos estudos têm mostrado que a suplementação multivitamínica em indivíduos com insuficiência nutricional marginal melhora significativamente a *performance* física e mental. Indivíduos envolvidos com programas de exercícios físicos intensos precisam ter certeza de que estão recebendo quantidades adequadas de nutrientes para poderem ter suas demandas calóricas aumentadas.

Suplementos nutricionais são importantes tanto para atletas profissionais como para amadores. Eles ajudam a produzir mais músculos, a manter baixa concentração de tecido gorduroso e a aumentar a força e a resistência quando o corpo se encontra sob estresse do exercício. Claramente, a deficiência de vitaminas e de minerais resulta em perda energética. Os suplementos otimizam a recuperação entre os treinos, melhoram o condicionamento físico e o crescimento muscular, aceleram a recuperação de traumas ou lesões do esporte.

Ao treinar, saber qual suplemento tomar e como usá-lo são decisões de extrema importância. O programa será mais produtivo se houver o balanceamento dos suplementos entre dias de exercício e dias de descanso. O real crescimento muscular ocorre nos dias de descanso, quando o organismo usa o que lhe foi dado durante o exercício. Normalmente o aumento de rendimento pode ser obtido usando-se vitaminas e minerais tanto nos dias de treino como nos de repouso; porém os aminoácidos e as proteínas funcionam melhor quando usados nos dias de treino, antes de iniciá-lo.

Atualmente temos como determinar as necessidades individuais de cada atleta, para que possa atingir o seu equilíbrio, promover importante proteção tecidual antioxidante, aumentar o seu rendimento e proteger-se contra as conseqüências que o exercício pode gerar quando feito no seu limite ou acima dele.

VITAMINAS

Apresentam ação antiestresse para o músculo, os nervos e o coração. Melhoram a geração de energia, além de incrementarem a *performance* pelo metabolismo de aminoácidos e proteínas.

VITAMINAS LIPOSSOLÚVEIS

BETACAROTENO (PRÓ-VITAMINA A)

Convertido pelo corpo em vitamina A, de acordo com a necessidade. É um antioxidante básico, protegendo tecidos, articulações, pulmões e diminuindo a geração de radicais livres e a oxidação das gorduras.
Dosagem 10.000 – 50.000 UI.
Possíveis efeitos colaterais: ingestão prolongada em altas doses pode causar pigmentação amarelada da pele, principalmente nas mãos e nos pés, porém sem efeito lesivo para o organismo.
Evitar betacaroteno (suplementar) enquanto estiver usando medicações como Accutane e especialmente durante a gravidez.
Estudos mostram uma diminuição do nível plasmático de betacaroteno após o exercício, sugerindo sua contribuição na proteção contra o aumento do estresse oxidativo durante o exercício.

VITAMINA A (RETINOL)

Essencial para o crescimento, o desenvolvimento e a manutenção da saúde da pele, das unhas e dos olhos. Participa na recuperação de feridas.
Dosagem 5.000 – 10.000 UI.
Possíveis efeitos colaterais: o excesso de vitamina A (50.000 UI/dia) por ingestão prolongada pode ser tóxico. Evitar a suplementação de vitamina A enquanto estiver usando medicações como o Accutane e especialmente durante a gravidez.

VITAMINA D (COLECALCIFEROL)

Essencial no metabolismo de cálcio e do fósforo, assim como para manter ossos e dentes fortes.
Dosagem: 200 – 400 UI.
Possíveis efeitos colaterais: ingestão prolongada de quantidades excessivas de vitamina D (1.000 UI/dia) pode ser tóxica e causar hipercalcemia (excesso de cálcio no sangue).

VITAMINA E (ALFATOCOFEROL)

Antioxidante básico, protetor dos glóbulos vermelhos e essencial na respiração celular. Reduz a agressão aos tecidos, às articulações, ao coração, diminuindo a geração de radicais livres e oxidantes das gorduras.

Dosagem: 200 – 800 UI.

Possíveis efeitos colaterais: prolongada ingestão de vitamina E em megadoses pode causar reações adversas no fígado, na pele, além de desconforto estomacal.

VITAMINA K

Envolvida no mecanismo de coagulação do sangue.

Dosagem: 50 – 500 mcg.

Possíveis efeitos colaterais: diferentemente das outras vitaminas lipossolúveis, a vitamina K não é armazenada em quantidade significativa no fígado. A vitamina K sintética (menadiona) é tóxica em dosagens excessivas.

VITAMINAS HIDROSSOLÚVEIS

VITAMINA C (ÁCIDO ASCÓRBICO)

Antioxidante básico, essencial para o crescimento tecidual, a recuperação de feridas, a absorção de cálcio e ferro, além da utilização do complexo B e do ácido fólico. Envolvida na biossíntese de neurotransmissores, regulação do colesterol e formação de colágeno. Protege contra a agressão tecidual e articular causadas pelos radicais livres.

O uso da vitamina C, antes e após o exercício, promove uma redução na geração de dienes (sinal de oxidação), segundo estudos realizados pela Universidade de Torku, Finlândia.

O seu consumo durante o exercício incrementa vitalidade e vigor, possivelmente por proteger a integridade da membrana

mitocondrial, garantindo a máxima produção energética dos substratos nas mitocôndrias dos músculos.
Dosagem: 300 – 3.000 mg.
Possíveis efeitos colaterais: não é tóxica, porém em casos de ingestão excessiva pode causar distensão abdominal, gás, flatulência e diarréia. Indivíduos que têm sensibilidade aos nutrientes ácidos devem usá-la na forma de ascorbato bufferizado.

VITAMINA B_1 (TIAMINA)

Essencial no metabolismo dos alimentos e na liberação de energia para a função celular.
Dosagem: 5 – 100 mg.
Possíveis efeitos colaterais: não tóxica em doses orais.

VITAMINA B_2 (RIBOFLAVINA)

Essencial no metabolismo dos alimentos e na geração de energia para a função celular. Importante na formação de glóbulos vermelhos e na ativação de outras vitaminas do complexo B. Atletas têm uma necessidade maior desta vitamina por sua solicitação na atividade física.
Dosagem: 5 – 100 mg.
Possíveis efeitos colaterais: não tóxica. Doses moderadas a altas podem causar coloração amarelada na urina sem nenhuma conseqüência orgânica.

VITAMINA B_3 (NIACINA)

Essencial no metabolismo dos alimentos e na liberação de energia para a função celular. Vital no transporte de oxigênio e ácidos graxos para o sangue e na formação dos ácidos nucléicos. É o constituinte principal de diversas coenzimas importantes.
Dosagem: 20 – 100 mg.
Possíveis efeitos colaterais: não tóxica em doses normais. Altas doses (100 mg ou mais) podem causar formigamento, vermelhidão e rubor no corpo, assim como desconforto epigástrico.

Ingestão prolongada de vitamina B_3 (1.000 mg – 2.000 mg/dia) pode elevar enzimas hepáticas e causar dano ao fígado.

VITAMINA B_5 (ÁCIDO PANTOTÊNICO)

Presente no metabolismo dos alimentos e na liberação de energia para a função celular. Vital na biossíntese de hormônios e no suporte para as glândulas adrenais. Atletas apresentam demanda metabólica aumentada desta vitamina.
Dosagem: 10 – 1.000 mg.
Possíveis efeitos colaterais: não tóxica. Doses muito altas (10.000 mg ou mais) produzirão diarréia.

VITAMINA B_6 (PIRIDOXINA)

Atua no metabolismo dos alimentos e na liberação de energia. Essencial no metabolismo dos aminoácidos e das proteínas, promovendo aumento de *performance*. Participa na regulagem do equilíbrio hidroeletrolítico. Importante na produção de anticorpos. Atletas têm um aumento de consumo desta vitamina.
Dosagem: 5 – 120 mg.
Possíveis efeitos colaterais: doses altas e em uso prolongado (50 mg/dia) podem ser tóxicas e causar dano neurológico. O uso de contraceptivo oral pode causar deficiência de vitamina B_6.

VITAMINA B_{12} (COBALAMINA)

Essencial para a formação normal de glóbulos vermelhos. Presente no metabolismo do alimento, na liberação de energia e na manutenção de células epiteliais (as que formam a camada externa da pele e da superfície das camadas mucosas) e do sistema nervoso. Promove o adequado suporte de oxigênio tecidual.
Dosagem: 10 – 500 mg.
Possíveis efeitos colaterais: não tóxica.

FOLATO (ÁCIDO FÓLICO)

Essencial na formação das células sangüíneas, especialmente glóbulos vermelhos e brancos. Envolvido na biossíntese de ácidos nucléicos, inclusive RNA/DNA (ácido ribonucléico e ácido desoxirribonucléico).
Dosagem: 200 – 400 mcg.
Possíveis efeitos colaterais: não tóxico. O uso em excesso pode mascarar deficiência de vitamina B_{12}.

BIOTINA

Essencial para o metabolismo dos alimentos e liberação de energia. Participa da biossíntese dos aminoácidos, ácidos nucléicos e ácidos graxos essenciais. Importante no metabolismo dos carboidratos.
Dosagem: 300 – 600 mcg.
Possíveis efeitos colaterais: não tóxico.

COMPLEXO B

Seria uma forma correta de absorver as vitaminas B, podendo fornecer a quantidade básica necessária para manter a sua inter-relação nos processos bioquímicos. É essencial para manter a saúde dos nervos, incrementar o metabolismo dos carboidratos e evitar câimbra. Sempre que se usar algum elemento isolado do complexo B em altas doses, deve-se associar o complexo B para manutenção da inter-relação nos processos metabólicos.
Dosagem: 100 – 200 mg.
Possíveis efeitos colaterais: não tóxico.

MINERAIS

A função dos minerais está intimamente relacionada com as vitaminas, os hormônios e as enzimas. Nenhum mineral pode funcionar no organismo sem interferir nas substâncias nele presentes.

O atleta precisa de minerais para o bom desenvolvimento ósseo, da velocidade e da resistência, assim como para a melhora da condição anabólica.

Exercícios intensos promovem um aumento da necessidade de consumo de diversos minerais.

CÁLCIO (CA^{++})

Essencial para ossos e dentes fortes. É um co-fator vital na produção de energia celular e para o bom funcionamento dos músculos, dos nervos e do coração.

Dosagem: 200 – 1.200 mg.

Possíveis efeitos colaterais: a ingestão prolongada de cálcio em excesso, com vitamina D, também em excesso, pode causar hipercalcemia de ossos e partes moles (articulações, rins, artérias, vesícula biliar) e então causar um desequilíbrio mineral.

MAGNÉSIO (MG^{++})

Apresenta muitas ações no metabolismo do atleta. Catalisador essencial para o metabolismo dos alimentos e liberação de energia. É um co-fator na formação do RNA/DNA, na ativação enzimática e na função nervosa. Associado ao potássio, aumenta energia e resistência, diminuindo a formação de ácido lático e a fadiga muscular. Promove aumento da fração de ejeção (que se realiza no coração) e maior resistência durante o exercício.

Dosagem: 150 – 600 mg.

Possíveis efeitos colaterais: doses extremamente altas (30.000 mg) podem ser tóxicas em certos indivíduos com problemas renais; doses acima de 400 mg podem causar um efeito laxativo, ocasionando diarréia.

POTÁSSIO (K^+)

Eletrólito básico, importante na regulação do pH (equilíbrio ácido/base) e do nível de água.

Importante para a função normal dos músculos e nervos. Aumenta a resistência durante o exercício. Nossa dieta moderna é rica em sódio, causando normalmente uma deficiência em potássio, sendo necessária sua suplementação, especialmente no caso de indivíduos que se alimentam freqüentemente com produtos refinados, industrializados. Atletas podem precisar de quantidades maiores deste eletrólito, pois o perdem em grande quantidade através da transpiração.
Dosagem: 1.500 – 5.000 mg.
Possíveis efeitos colaterais: doses extremamente altas de cloreto de potássio – acima de 25.000 mg por dia – podem ser tóxicas para os rins, além de causarem arritmias cardíacas.

SÓDIO (NA^+)

Eletrólito básico, importante na regulação do pH (equilíbrio ácido/base) e do nível de água. Importante no funcionamento do sistema nervoso e da integridade celular.
Dosagem: limite diário de ingestão de 1.500 mg.
Possíveis efeitos colaterais: a ingestão de sódio em excesso tem sido correlacionada com hipertensão arterial e enxaquecas. Doses extremamente altas podem causar edemas.

FÓSFORO (P)

Constituinte da molécula fosfato com importante função na produção de energia e ativação das vitaminas B. Componente do RNA/DNA, dos ossos e dentes.
Dosagem: 300 – 600 mg.
Possíveis efeitos colaterais: basicamente não tóxico. Porém, quantidades desproporcionais de fósforo, em relação à ingestão de cálcio, podem causar deficiência em cálcio, gerando desequilíbrio mineral.

ZINCO (ZU^{++})

Co-fator em numerosas reações e processos enzimáticos. Constituinte estrutural dos ácidos nucléicos e da insulina. Está relacionado com o paladar dos alimentos, a cicatrização de feridas e a digestão. Melhora a *performance* atlética. Exercícios intensos promovem um consumo orgânico maior deste mineral, promovendo aumento de excreção urinária e diminuição de concentração sangüínea.

Níveis baixos de zinco podem causar certas anormalidades hematológicas em mulheres que são corredoras. O zinco é importante na produção de glóbulos vermelhos e sua suplementação associada com ferro pode aumentar a produção de proteínas e globulinas, ajudando a resolver possíveis quadros de anemia.

Dosagem: 15 – 30 mg.

Possíveis efeitos colaterais: doses extremamente altas – 2.000 mg ou mais por dia – podem ser tóxicas. A ingestão excessiva (50 mg ou mais por dia) pode causar deficiência em cobre, gerando desequilíbrio mineral e imunológico.

FERRO (FE^{++} OU FE^{+++})

Combina com outros nutrientes para produzir proteínas sangüíneas vitais. Presente no metabolismo do alimento. É crucial para o atleta pelo transporte de oxigênio para a célula muscular. Muitos atletas absorvem quantidade suficiente deste mineral. Cerca de 80% das mulheres que se exercitam são deficientes em ferro, o que pode causar redução da resistência ao exercício, dores musculares, cansaço, letargia, instabilidade e pouca concentração. É preciso suplementá-lo, caso a deficiência seja diagnosticada.

Dosagem: 10 – 30 mg.

Possíveis efeitos colaterais: a ingestão prolongada de ferro pode ser tóxica, afetando fígado, pâncreas, coração e aumentando a suscetibilidade para infecções. As formas menos eficientemente assimiladas de ferro (sulfato ferroso ou gliconato ferroso) podem causar constipação e/ou desconforto abdominal. Suplementos de ferro devem ser ingeridos com alimentos e associados com vitamina C para aumentar a sua assimilação.

MANGANÉS (MN^{++})

Importante catalisador e co-fator de diversas reações e processos enzimáticos. Importante na manutenção estrutural do tecido conectivo e esquelético, assim como na integridade celular.

Dosagem: 2 – 10 mg.

Possíveis efeitos colaterais: a ingestão prolongada de manganês em doses excessivamente altas pode promover uma elevação das suas concentrações no sistema hepático e causar desequilíbrio mineral.

COBRE (Cu^{++})

Essencial para a produção de glóbulos vermelhos. Importante na manutenção do sistema esquelético e cardiovascular. Age com a vitamina C na biossíntese do colágeno e da elastina.

Dosagem: 2 – 3 mg.

Possíveis efeitos colaterais: o uso prolongado de doses altas de cobre pode ser tóxico, especialmente em indivíduos com doença de Wilson, uma doença metabólica rara resultante de um excesso de acúmulo de cobre no fígado, nas células sangüíneas e no cérebro.

IODO (I)

Componente essencial dos hormônios tireoidianos que regulam o crescimento e a taxa metabólica.

Dosagem: 50 – 300 mg.

Possíveis efeitos colaterais: o uso excessivo de iodo pode causar um aumento da glândula tireóide. Pode induzir o aparecimento de lesões acneiformes na pele ou agravá-las quando preexistentes.

CROMO (Cr^{+++})

Vital para a formação do fator de tolerância à glicose, que regula a ação da insulina. Presente no metabolismo dos alimentos, na ativação enzimática e na regulação do colesterol. O exercício intenso pode promover diminuição do sistema sangüíneo deste mineral, assim como um aumento de sua excreção urinária. Estudos em animais e humanos sugerem que o crômio picolinato promove eliminação de gorduras e ganho de massa muscular magra.

Dosagem: 200 – 500 mcg.
Possíveis efeitos colaterais: não tóxico em dosagens normais.

SELÉNIO (SE)

Componente importante da enzima antioxidante glutation peroxidase, presente nos glóbulos brancos e nas plaquetas. Tem ação potencializadora da vitamina E.
Dosagem: 100 – 200 mcg.
Possíveis efeitos colaterais: a ingestão prolongada e de altas doses pode ser tóxica.

AMINOÁCIDOS

É parte essencial na nutrição, pois a seqüência de 22 aminoácidos forma moléculas complexas denominadas *proteínas*, as quais são responsáveis por 20% do nosso peso corpóreo, e são os componentes básicos dos nossos músculos, cabelos, unhas, pele, olhos, órgãos internos, especialmente o coração e o cérebro. Essas proteínas apresentam uma seqüência única de aminoácidos, com estrutura tridimensional, com longas cadeias ramificadas. A forma L (levo rotatória) de cada aminoácido é a encontrada naturalmente nas proteínas, enquanto a forma D (destro rotatória) pode ser sintetizada, porém não é produzida como parte da proteína corpórea.

Há aminoácidos essenciais que nosso corpo não sintetiza, portanto devem ser absorvidos pela alimentação. São eles: isoleucina, leucina, lisina, metionina, fenilalanina, treonina, triptofano e valina. Arginina e histidina são considerados aminoácidos semi-essenciais para gestantes e crianças. Os outros 12 aminoácidos não essenciais podem ser produzidos pelo organismo para gerar músculos, cabelos e moléculas importantes, como a hemoglobina, as enzimas, os anticorpos e os hormônios (tireóide e insulina). Podemos ter deficiência de certos aminoácidos quando nossa alimentação é carente de proteínas e certas vitaminas, minerais ou enzimas, necessárias em certa quantidade para a produção de cada aminoácido.

A terapia com aminoácido é relativamente recente na medicina nutricional e começou utilizando determinados aminoácidos como suplementação em específicas situações clínicas.

Alguns laboratórios realizam testes que determinam o perfil de todos os aminoácidos, dando a exata situação de equilíbrio ou desequilíbrio deles, informação útil em muitas situações de doença e também na correção de sua suplementação nos atletas.

Atualmente é estabelecido que o atleta apresenta uma necessidade maior de proteínas se for comparado com outro adulto. Os estudos sugerem como quantidade máxima de proteína o equivalente a 1,5 g por 1 kg de peso corpóreo, o que muitas vezes já está presente na alimentação de muitos atletas.

O consumo de grandes quantidades de proteína pode estar correlacionado com osteoporose e doença renal. Para os atletas que consomem menos que o necessário em termos protéicos na alimentação, é importante a suplementação de certos aminoácidos.

Limitaremos a exposição aos aminoácidos com utilização ergogênica (aumento de *performance* atlética).

Sempre que algum aminoácido for utilizado individualmente em altas doses para finalidades específicas, deve-se associá-lo a um complexo de aminoácidos que contenha todos os essenciais e os não essenciais para evitar-se um desequilíbrio deles no sistema orgânico.

AMINOÁCIDOS QUE PROMOVEM GANHO MUSCULAR

BCAA (ESSENCIAIS)

Conhecidos como aminoácidos resistentes ao estresse, eles devem ser consumidos simultaneamente em proporções balanceadas. São eles: valina, isoleucina e leucina. Esses três aminoácidos são essenciais para a vida e estão relacionados à resistência ao estresse, à produção de energia. São facilmente convertidos em ATP e estão presentes no metabolismo muscular.

São conhecidos como aminoácidos de cadeia ramificada porque cada um deles contém um grupo metil, o que não é comum nos outros aminoácidos. Apesar da sua similaridade estrutural, os aminoácidos de cadeia ramificada apresentam diferentes ações metabólicas: a valina interage com os carboidratos, a leucina, com as gorduras e a isoleucina, com ambos.

BCAA são os únicos aminoácidos usados diretamente pela musculatura esquelética como fonte de energia, apresentando ação anabólica importante.

Constituem excelente resultado na reparação tecidual de atletas em conseqüência de estresse físico, principalmente provocado por corridas de longa distância ou intenso trabalho de levantamento de peso, evitando o catabolismo (estado em que o músculo é degradado).

No desenvolvimento muscular, os BCAA, especialmente a leucina, estimulam a síntese protéica (anabolismo) diretamente no músculo. Os BCAA podem substituir esteróides tão comumente usados por levantadores de peso. Agem promovendo um aumento de liberação de insulina, que consequentemente estimula, indiretamente, a síntese protéica e impede a degradação muscular.

Durante extrema atividade física, estresse, cirurgia e trauma, o sistema plasmático de BCAA cai, devendo, portanto, ser suplementado.

Para a sua normal metabolização, dependem de vitamina B_6, cobre, riboflavina, magnésio e alfaquetoglutarato (derivado de outro AA, ácido glutâmico).

Efeitos colaterais não têm sido observados, pois, mesmo consumidos em altas doses, são convertidos em outros aminoácidos ou usados como energia.

Uma alimentação incluindo proteína animal fornece quantidades adequadas de BCAA para a maioria das pessoas.

Atletas envolvidos em intensos treinamentos normalmente devem suplementá-los para evitar perdas musculares e aumentar o ganho de musculatura. Contudo, não promovem mudança de composição corpórea e também não aumentam a *performance* no exercício.

Dosagem sugerida: 2 a 4 cápsulas de 500 mg, 1 hora antes do treino e/ou 2 a 4 cápsulas de 500 mg após o treino.

Atletas envolvidos em intensos treinamentos devem fazer uso de 5 gramas de leucina, 4 gramas de valina e 2 gramas de isoleucina por dia.

ALANINA (NÃO ESSENCIAL)

É uma parte importante do tecido muscular humano, e é encontrado em alimentos protéicos. Diversos estudos têm sugerido sua liberação pelo músculo, para o metabolismo energético corpóreo. É posssível que a sua suplementação, como a de BCAA, possa ajudar a ganhar músculo. A isoleucina, um componente de BCAA, estimula a liberação de alanina do músculo. Ajuda a manter a glicemia, principalmente como reserva energética para o fígado e os músculos. Não há descrição de toxicidade com o uso de doses elevadas deste aminoácido.

L-CARNITINA (NÃO ESSENCIAL)

É sintetizada pelo corpo a partir dos aminoácidos lisina e metionina. É necessária para haver a liberação de energia dos músculos, inclusive do coração.

Quando há aumento de carnitina, proveniente dos músculos no tecido hepático, a velocidade de oxidação das gorduras amplia-se e como conseqüência ocorre um acréscimo de energia disponível.

A carnitina age transportando gorduras através da membrana mitocondrial, permitindo maior geração de energia. Quanto mais carnitina disponível, mais rápido a gordura será transportada e mais gordura será oxidada em energia. Essa energia então será armazenada não como gordura, mas como adenosa trifosfato (ATP), o catalisador de muitas atividades corpóreas, inclusive da contração muscular.

Com o aumento de velocidade de "queima" (oxidação) das gorduras, é possível se exercitar por mais tempo sem cansaço, sendo muito útil nos exercícios de longa duração e para indivíduos que queiram emagrecer por meio do exercício. Promove maior resistência muscular, principalmente nos indivíduos com problemas neuromusculares.

Tem sido sugerido que a suplementação de carnitina pode aumentar a *performance* atlética. Estudos recentes sobre a carnitina mostram que a porcentagem de gordura corpórea é diminuída em relação à massa muscular e que há melhoras na recuperação do pulso de corredores que fazem uso de carnitina.

Em um estudo realizado em sete maratonistas, aplicou-se um teste ergométrico de esforço até exaustão, seguido de suplementação de 2,0 g de L-carnitina por dia por um período de seis semanas; após esse período, repetiu-se o teste. Houve aumento de 5,68% na velocidade média de consumo de oxigênio e freqüência cardíaca diminuída. A relação de trocas respiratórias mostrou declínio após a suplementação com carnitina, ocasionando uma influência positiva na capacidade aeróbica.

A deficiência de carnitina pode ocorrer em vegetarianos, em indivíduos que têm alimentação com baixa concentração protéica ou se encontram em situações em que há pouco fornecimento de oxigênio, como em certas condições cardíacas.

Na Itália, a carnitina é prescrita para falência cardíaca, arritmia, anginal do peito e má oxigenação cardíaca.

Muitas pessoas não necessitam de suplementação de carnitina; porém, no caso do uso terapêutico, as dosagens são de 2 a 3 g por dia.

Não está relacionada com nenhum sintoma de toxicidade.

Seus co-fatores são as vitaminas C e B_6, niacina e os aminoácidos lisina e metionina.

ARGININA (ESSENCIAL)

É importante no metabolismo muscular porque fornece meio de transporte, depósito e excreção do nitrogênio. Tem papel metabólico essencial no ciclo da uréia (seqüências bioquímicas que geram nitrogênio e proteína).

Guanidofosfato, fosfoarginine e creatina são componentes altamente energéticos usados pelo músculo e todos são derivados da arginina.

Promove aumento de *performance* no exercício, porque é um dos componentes principais, junto com a glicina, na produção de creatina no fígado. O suplemento monoidrato de creatina é muito comum atualmente pelos levantadores de peso, porque melhora o nível de fosfato de creatina nos músculos e nas células nervosas para exercícios de alta intensidade e curta duração. Então, com arginina, consegue-se mais matéria-prima para as "baterias celulares" e para incrementar o hormônio do crescimento.

É um precursor do óxido nítrico que o organismo utiliza para promover maior dilatação dos vasos sangüíneos, permitindo melhor oxigenação, com isso reparando a função sexual em homens impotentes e melhorando a motilidade espermática. Os pesquisadores acreditam que a arginina seria o precursor do óxido nítrico, responsável pelo início e pela manutenção da ereção.

Nos indivíduos com diabetes deve-se ter muito cuidado com o uso deste aminoácido, por seu efeito no metabolismo dos carboidratos e da insulina.

Outros efeitos positivos da arginina são o aumento da degradação (queima) de gorduras e o aumento do tecido muscular, provavelmente pelo estímulo do hormônio do crescimento, o aumento da atividade do timo, estimulando as defesas imunológicas, acelerando a cicatrização de feridas e queimaduras. É protetor hepático e desintoxicante para substâncias químicas potencialmente lesivas.

Está presente em muitas proteínas, incluindo carnes, derivados do leite e ovos. Em particular muitos grãos e chocolate têm alta concentração de arginina em relação a outro aminoácido, a lisina, podendo por isso desencadear episódios de herpes simples em indivíduos infectados com esse vírus. O uso de alimentos ricos em lisina ou a suplementação de lisina ou ambos podem ajudar a inibir esses episódios.

Normalmente, o nosso corpo produz a quantidade adequada de arginina; porém, em desnutrição ou estresse importante, o organismo pode não conseguir produzi-la na quantidade requerida.

Associada com outros aminoácidos (ornitina, lisina, glutamina) potencializará o ganho de massa muscular e a geração do hormônio do crescimento.

Dosagem: 2 a 5 g com o estômago vazio 1 hora antes do exercício e antes de dormir. Aumentar lentamente a dosagem para evitar efeitos colaterais, como desconforto abdominal ou náusea. Megadoses podem promover diarréia.

ORNITINA (NÃO ESSENCIAL)

É produzida pelo organismo quando a arginina, outro aminoácido, é metabolizada durante a produção de uréia (constituinte da urina) e ambas são importantes no metabolismo do nitrogênio. Apresentam estrutura e ação similar.

Alguns especialistas alegam que a ornitina promove aumento de massa muscular pelo estímulo à produção de hormônio de crescimento.

Quando se suplementa ornitina oralmente, esta se converte em arginina e, pelo fato de conseguir entrar na mitocôndria mais facilmente do que a arginina, acredita-se que a suplementação de ornitina é o melhor meio de se incrementar a concentração de arginina.

É predominantemente encontrada em carnes, peixes, derivados de leite e ovos.

É usada para melhorar a *performance* atlética e na estimulação da cicatrização de feridas. O uso associado de ornitina com arginina potencializa sua ação terapêutica.

Dosagem: 2 a 5 g antes de dormir.

Efeitos colaterais: doses excessivamente elevadas podem causar insônia e diarréia.

ORNITINA ALFAQUETOGLUTARATO

Não é um aminoácido na forma natural, mas uma associação de ornitina com duas moléculas de alfa ketoglutarato, um precursor da glutanina. Promove aumento da liberação de hormônios que estimulam a síntese muscular, como a insulina e o hormônio do crescimento, além de aumentar níveis musculares de arginina e glutamina. Ajuda também na prevenção da degradação muscular e melhora a resposta imunológica.

Na França, onde foi criado, este composto é usado para recuperação tecidual após cirurgia, traumas, queimaduras e outras condições catabólicas.

Os aminoácidos que compreendem OKG estão presentes nas proteínas, porém o composto OKG só é encontrado em suplementos.

A dosagem recomendada varia entre 2 e 4 g de OKG, três vezes ao dia após as refeições.
Não há efeitos colaterais descritos.

L-LISINA (ESSENCIAL)

Tem ação potencializadora da arginina. É necessária para o crescimento e ajuda na manutenção do balanço nitrogenado no nosso organismo. Não pode ser produzida pelo corpo, devendo ser suplementada por dieta ou em cápsulas.

O estudo realizado na Universidade de Roma em 1981 pelo pesquisador A. Isidorie mostrou que a combinação de lisina e arginina é cerca de 10 vezes mais eficiente do que fazer uso somente de arginina.

É efetiva na redução de herpes simples, em doses diárias acima de 1,25 g, segundo estudo realizado em 1984 na Clínica Mayo, nos Estados Unidos.

A maioria das pessoas, mesmo as vegetarianas, consome adequada quantidade de lisina. Atletas envolvidos em atividades físicas vigorosas têm sua necessidade aumentada.

Linus Pauling (cientista americano, ganhador do prêmio Nobel por duas vezes) realizou estudos nos quais a lisina era usada para ajudar a manter os vasos sangüíneos saudáveis.

Dosagem: 1 grama (tomar com estômago vazio), 1 hora antes do exercício e antes de dormir.

Efeitos colaterais: nas dosagens de suplementação não é descrito nenhum problema. Em dosagens muito altas, pode causar cálculo de vesícula e aumentar o colesterol sangüíneo.

Co-fatores: ferro, vitaminas C e B_6.

GLUTAMINA (ESSENCIAL)

É o aminoácido mais abundante no organismo. Protege a mucosa intestinal principalmente em situações de estresse, úlcera péptica e colite ulcerativa.

Em situações de produção insuficiente de glutamina (cirrose, jejum prolongado, perda de peso por Aids e câncer), há perda muscular, podendo ocorrer deficiência imunológica.

Sua suplementação protege os músculos e previne acidose, que ocorre em exercícios extenuantes, causando perda de massa muscular.

De acordo com o médico Douglas Wilmore, da Escola Médica de Harvard, a glutamina é o principal elemento no metabolismo e na manutenção dos músculos, essencial para a síntese de DNA, a divisão e o desenvolvimento celular, fatores estes que estimulam o hormônio do crescimento.

No cérebro, ela aumenta a energia e alerta pela facilidade de transpor a barreira cerebral (hematoencefálica).

Atletas que se exercitam por longos períodos de forma extenuante, como maratonistas, são mais susceptíveis a infecções. Após o exercício prolongado e exaustivo, o nível plasmático de glutamina é reduzido. Há valores médios de 20% a menos após a maratona, por exemplo. A suplementação de 5 g de glutamina em água, logo após exercício e duas horas, depois de diminuir em até 81% essas ocorrências se comparando com grupo placebo que reduz 45%. Este estudo foi realizado em mais de 200 corredores, certamente por estimular o sistema imunológico nesse momento crítico (há elevação de relação entre o T-helper/T-supressor).

É um eficiente estimulador do hormônio do crescimento. Segundo estudo realizado na Universidade de Shreveport (Louisiana), com uma dosagem de 2,0 g antes de dormir, consegue-se aumentar o hormônio do crescimento em até quatro vezes, quando comparado com o placebo. Segundo Vicent Giampapa, pesquisador do Instituto Nacional de Pele, em Montclair (New Jersey), 2,0 g de glutamina é mais potente que 1,0 g de cada de arginina, ornitina e lisina combinados.

Dosagem: 2 g uma hora antes do exercício, 2 g antes de dormir.

É encontrada em alimentos altamente protéicos como peixes, carnes, grãos e derivados do leite.

Nas doses terapêuticas, não há efeitos colaterais descritos.

L-GLICINA (NÃO ESSENCIAL)

É conhecida por glicina porque lembra o gosto da glicose. Está envolvida na produção do DNA, de fosfolipídeos, de colágeno e na liberação de energia.

Este aminoácido promove aumento de resistência e força no exercício físico, tanto que a dimetilglicina (DMG), tão comentada em relação à sua atividade ergogênica, é um elemento intermediário no metabolismo da colina em glicina, e os efeitos atribuídos à DMG ocorrem porque esta se converte em glicina.

É bem documentado seu efeito de estimulação do hormônio do crescimento.

Dosagem: 500 mg a 5,0 g.

Não apresenta toxicidade nas dosagens recomendadas.

Não deve ser tomada simultaneamente com triptofano por competirem pelo mesmo sítio receptor, tornando-se inefectivos.

ASSOCIAÇÃO DE AMINOÁCIDOS

Alguns aminoácidos apresentam efeito sinérgico e podem ser associados, gerando aumento do hormônio do crescimento (estimulando a síntese protéica) e da insulina (aumentando a entrada destes aminoácidos no músculo). Eles promovem importante efeito anabólico. São eles: arginina, ornitina, glutamina e lisina.

Segundo estudos realizados no Instituto Internacional de Longevidade (New Jersey), recomenda-se iniciar com:

2,0 g de arginina	
2,0 g de ornitina	**Antes de dormir**
1,0 g de lisina	
1,0 g de glutamina	

Deve-se aumentar 1,0 g de cada uma, por semana, podendo-se chegar até a 5,0 g de cada uma, situação que promove um aumento em até 20% da concentração do hormônio do crescimento. Essa associação total, gerando cerca de 20 g de aminoácidos suplementados, é segura, pois equivale, em termos protéicos, à ingestão de dois ovos.

O correto é fazê-lo com acompanhamento médico, pois aminoácidos requerem certas vitaminas e minerais como co-fatores para melhorar sua ação e também pelo fato de estes aminoácidos poderem causar deficiência a outros.

Nessas situações, deve-se associar também um complexo que contenha todos os aminoácidos para evitar os desequilíbrios.

O uso de aminoácidos com dieta hiperprotéica pode ser lesivo para os rins, devendo não se consumir tanta proteína nessa fase de suplementação.

Outros elementos ergogênicos, um plus na potência

CoQ_{10} (ubiquinona)

É um potente antioxidante, além de estimular as reações metabólicas, tais como no complexo processo de transformação do alimento em ATP, a energia que movimenta o nosso organismo.

No exercício é importante por ser um co-fator na produção de energia celular. Sua produção é feita pelo próprio organismo e tem sua concentração aumentada na mitocôndria, área da célula que produz energia. Sua deficiência, provocada principalmente por algum problema de síntese, acarreta perda de energia, necessária para uma boa *performance* na atividade física, especialmente em atividades de resistência.

Melhora a capacidade aeróbia do atleta, reduzindo o cansaço e ajudando na redução de massa gordurosa.

Encontrada em espinafre, brócolis, carnes e peixe.

Sua suplementação é normalmente entre 30 a 90 mg/dia, podendo ser usada até em valores maiores.

Associada com vitamina E ou com ácido graxo essencial (meio oleoso) permite melhor absorção.

Octacosanol

Derivado do germe de trigo, melhora a utilização do oxigênio. No exercício intenso com o aumento do processo oxidativo, o octacosanol tem ação antioxidante e é usado contra a fadiga muscular.

Dosagem: de 1.000 mcg a 5.000 mcg/dia.

TRIGLICÉRIDES DE CADEIA MÉDIA (MCT)

Como o próprio nome diz, apresenta cadeia de ácidos graxos menor do que os outros ácidos graxos presentes nas gorduras e óleos.

Enquanto as outras gorduras geram nove calorias por grama, este gera 8,3 cal/grama e também é mais rapidamente absorvido e transformado em energia.

É usado para aumentar a *performance* atlética, sendo até o momento indefinida sua dosagem correta de suplementação.

Encontrado no óleo de coco e na manteiga, não deve ser consumido com estômago vazio por causar desconforto gastrointestinal.

PIRUVATO – ÁCIDO PIRÚVICO

É um antioxidante produzido no organismo durante o metabolismo de carboidratos e proteínas.

Existem alguns estudos clínicos mostrando sua eficiência na melhora da *performance* e na resistência durante o exercício, apesar de necessitar de maiores evidências para se confirmar o efeito significativo na *performance* atlética.

Usado também no emagrecimento, pois promove aumento da taxa metabólica basal, acelerando a redução de tecido gorduroso em obesos.

Além de ser formado no processo digestivo, o piruvato é encontrado em diversos alimentos como: maçãs vermelhas, queijos, cerveja escura e vinho tinto.

Suplementação de piruvato é em torno de 30 g/dia.

Pode causar desconforto abdominal, gases e diarréia quando utilizado em dosagem excessiva.

PROTEÍNA DO SORO DO LEITE (WHEY PROTEIN)

É um derivado do leite, retirado no processo de fabricação do queijo, em que a nata é separada do leite e então incorporada em sorvetes, pães, sopas, fórmulas infantis etc. Encontra-se também na forma de suplementos. Essa proteína fornece ao organismo diversos aminoácidos, tais como leucina, isoleucina e valina (BCAA), necessários para a manutenção do tecido muscular.

Atletas em treinamento requerem cerca de 25 g de *whey* por dia. Os indivíduos alérgicos a derivados de leite devem evitá-lo.

O uso prolongado em doses altas pode causar problemas renais e osteoporose.

GINSENG COREANO (PANAX GINSENG)

Os constituintes ativos do ginseng são os ginsenosídeos, os quais, acredita-se, aumentam a energia, diminuem efeitos do estresse e aumentam a *performance* intelectual e física.

É mais indicado para homens e idosos. Faz parte da medicina japonesa há mais de 2.000 anos.

Deve-se consumir cerca de 100 a 200 mg/dia e de preferência extrato estandarizado. Dosagens maiores devem ser usadas no caso do extrato não estandarizado (nesse caso apresenta uma concentração de princípio ativo por cápsula e garantia de ausência de pesticidas, conservantes etc.).

Normalmente, deve ser usado durante um mês, descansando duas semanas, antes de recomeçá-lo.

Pode causar excitabilidade e insônia; hipertensos não devem usá-lo. O uso prolongado pode causar alterações no ciclo menstrual.

GINSENG SIBERIANO (ELEUTHROCOCCUS SENTICOSUS)

Seu princípio ativo são os eleuteróides. Não é tão popular como o ginseng coreano, porém o seu uso data de mais de 2.000 anos, de acordo com registros na medicina chinesa. Usado como preventivo e tônico. Neste século foi extensivamente estudado por cientistas russos, realizando-se numerosos trabalhos clínicos, os quais confirmaram sua ação antiestresse e incrementadora na condição atlética e mental, sem os efeitos rebotes que causam os derivados da cafeína.

Mais recentemente, atletas olímpicos russos o têm usado para melhorar o rendimento nos treinos porque produz energia e resistência.

Foi usado na Rússia, também, em grande quantidade após o acidente de Chernobyl, para atenuar os efeitos da radiação.

Pesquisas mostram que o ginseng siberiano aumenta o aporte de oxigênio ao músculo em ação, garantindo ao atleta a manutenção de atividade aeróbica prolongada e uma recuperação do exercício mais rapidamente.

Deve-se consumir cerca de 500 a 600 mg de extrato estandarizado, que equivalem a 2 a 5 g/dia da planta seca. Usá-lo durante dois meses, com descanso de duas semanas para a nova série.

Não é descrita toxicidade ou efeitos colaterais importantes; porém, deve-se evitar usá-lo antes de dormir, para não perturbar o sono. Indivíduos com pressão arterial muito oscilante devem evitá-lo.

GUARANÁ (PAULINEA CUPANA)

Tradicionalmente, os índios da floresta Amazônica tomam semente amassada de guaraná como bebida medicinal. Seu princípio ativo é a guaranina (similar à cafeína) e promove, no caso do atleta, aumento de energia e resistência, além de efeito diurético e antidiarréico.

Apresenta de duas a três vezes mais cafeína do que o chá ou o café. A cafeína pode promover efeitos colaterais nos vasos sangüíneos, insônia, ansiedade, palpitações, hiperatividade e maior freqüência urinária.

A dosagem convencional é de 50 – 100 mg/dia.

MONOIDRATO DE CREATINA NA PERFORMANCE ATLÉTICA

A creatina é um nutriente encontrado naturalmente no nosso organismo. Descoberta em 1832 pelo cientista francês Chevreul, foi porém no século XX que a maioria dos estudos sobre ela foram publicados. Entretanto o enfoque de seu uso associado com a *performance* atlética é recente: a partir de 1990.

Constitui-se da combinação de três aminoácidos: arginina, glicina e metionina. A creatina ajuda a gerar energia que os nossos músculos necessitam para se movimentar, principalmente movimentos rápidos e explosivos.

Cerca de 95% da creatina corpórea é encontrada na musculatura esquelética, e os restantes 5%, no coração, no cérebro e nos testículos.

Recebemos a creatina pela alimentação (proteína animal) ou por suplementos nutricionais. Quando o consumo é inadequado para as necessidades corpóreas, podemos sintetizá-la dos aminoácidos arginina, glicina e metionina no fígado, no pâncreas e nos rins.

Participa na produção de energia e nos processos de desenvolvimento muscular. É armazenada na sua maioria no músculo como fosfato de creatina (ATP), que ajuda no aumento da força e da velocidade nos exercícios de alta intensidade e curta duração. A creatina é rapidamente disponível como fonte de energia para a contração muscular. Promove o aumento da síntese da proteína muscular e participa da formação de poliaminas (potente fator de crescimento).

Indivíduos envolvidos em intensa atividade física, vivenciando importante período de estresse ou que não comem carne, podem se beneficiar com a suplementação de creatina, que promoverá aumento do estoque de creatina no músculo e nos nervos.

A fonte principal de creatina é a proteína animal. Sua suplementação na forma de monoidrato de creatina é bem absorvida e tolerada pelo sistema gástrico.

Há duas estratégias de suplementação com creatina:

1º Uso de 20 a 30 g por dia em doses divididas durante quatro dias, promovendo um aumento rápido de creatina no músculo; método indicado para aumentar a força durante período de competição de levantamento de peso e jogo de futebol, por exemplo.

2º Outro método é a ingestão de 3 a 5 g de monoidrato de creatina por dia, por período mais prolongado de treinamento, havendo um aumento do músculo mais lentamente. Esse programa é interessante para atletas em treinamento prolongado, como levantadores de peso na fase de pré-competição.

Os atletas de resistência podem também se beneficiar do rápido período de recuperação com esse método de utilização da creatina.

O momento mais adequado e eficiente de ingeri-la é nos primeiros 30 minutos do pós-exercício.

Efeitos colaterais: pode causar ganho de peso por aumentar proteína e água no músculo. No caso de desconforto gastrointestinal, deve-se espaçar a dosagem ou associá-la com carboidrato de cadeia dupla, como, por exemplo, a maltodextrina.

A creatina promove também aumento de eficiência de outros nutrientes, como a proteína da nata e de alguns aminoácidos, como a glutamina.

Estudos desenvolvidos pelo Dr. Paul Balson do Instituto Karolinska (Estocolmo), um dos maiores *experts* em creatina, afirma, em um artigo publicado em 1994 pela revista *Sports Medicine*, que o único efeito colateral documentado associado à suplementação de creatina é o aumento da massa muscular.

A afirmação é em relação ao uso da dosagem adequada, de até 20 g/dia por período de um mês ou menos.

Em raros casos é possível ocorrer discreta diarréia e náusea, quando usado em dosagens maiores que as mencionadas. Porém desaparecem conforme se reduz a dosagem. Por isso, aconselham-se dosagens divididas de no máximo 5 gramas de cada vez.

Seus benefícios têm sido comprovados em estudos científicos controlados, publicados em diversos e respeitados jornais médicos, enfatizando suas vantagens como ergogênico. Há muita infor-

mação atualmente sobre a creatina, que justificaria um livro sobre o assunto. Porém, vamos resumir em alguns tópicos sua atuação:
- Permite maior estoque de energia muscular.
- Aumenta resistência e força musculares.
- Aumenta a síntese protéica e a massa muscular magra.
- Pode ser obtida por meio de suplementos, evitando-se o consumo excessivo de carne (sua fonte básica), que é rica em gordura e colesterol.
- Há um limite de estoque corpóreo de creatina.
- Uma vez absorvida pelos músculos, dura várias semanas.
- Os melhores benefícios são para modalidades esportivas de movimentos explosivos.
- Nas atividades físicas de longa duração, como maratonas, não há evidências científicas de melhora de *performance*.
- Quando usada corretamente, não apresenta efeitos colaterais.
- A quantidade de creatina é dependente da massa muscular e da intensidade da atividade física de cada indivíduo.
- Apesar da controvérsia gerada pela mídia, não pode ser considerada *doping*, pois é gerada pela alimentação com proteína animal (carnes, basicamente). Para ser julgada *doping*, deveriam ser incluídas as carnes nas proibições!

TRIFOSFATO DE ADENOSINA – *ATP*

É conhecido como a energia livre para a célula e utilizado na formação de nossos tecidos, nas transmissões nervosas, na circulação sangüínea, na digestão, nas secreções glandulares e, principalmente, na contração muscular.

Cada célula tem seu próprio suprimento de ATP, o que é constantemente reciclado, usando-se matéria-prima disponível intra e extracelular.

Consiste em três moléculas de fosfato ligadas a uma molécula de adenosina. Quando uma dessas ligações é quebrada no processo de hidrólise, grande quantidade de energia é criada, ocorrendo o que se chama fosforilação, quando a energia é transferida.

Apesar da importância, dispomos de 90 gramas de ATP no corpo em cada momento, o que promove o máximo de energia para menos de 10 segundos.

O ATP é constantemente ressintetizado através de determinadas reações químicas.

Dosagem: 1 cápsula duas a três vezes ao dia, nos dias de treino.

ÁCIDO FERRÚLICO (GAMA ORYZANOL)

Encontrado no germe do arroz, na casca do arroz e no milho. É um componente dos lipídeos dessas substâncias.

Estudo duplo cego* recente mostrou que a sua suplementação aumenta força e massa muscular em levantadores de peso.

Melhora a *performance* física e orgânica pelo aumento de aporte sangüíneo celular, diminuindo a fadiga ao praticar exercício e as dores musculares, ajudando o desenvolvimento muscular, aumentando a resistência ao estresse e diminuindo o colesterol sangüíneo. Tem propriedade antioxidante, protegendo os glóbulos vermelhos e intensificando a eficiência dos glóbulos brancos na defesa contra invasores.

A dosagem indicada é de 200 a 500 mg/dia.

Não se conhecem efeitos colaterais.

---

* Quando pacientes e médicos não sabem do conteúdo do tratamento.

HORMÔNIO DO CRESCIMENTO
(UM ALERTA PARA O DOPING)

É produzido na glândula pituitária (lobo anterior), principal elemento para se conseguir ganhar músculo e perder gordura.

Na juventude, nosso nível de hormônio do crescimento é alto em relação ao nível de insulina. Isso é bom porque a insulina, que age criando tecido gorduroso (lipogênese), é contrabalanceada pelo hormônio do crescimento, que promove destruição de tecido gorduroso para gerar energia (lipólise), havendo então acúmulo mínimo possível de gordura. Esta é a razão por que, quando se é jovem, pode-se comer de tudo, sem pagar um preço alto por isso!

Porém, com o passar dos anos, começa a haver decréscimo do hormônio do crescimento, e a insulina continua igual ou até aumenta (nesse caso, por excesso de consumo de açúcares e alimentos refinados). Com isso, a situação se torna mais fácil para que cada caloria que não é gasta seja estocada em gordura.

Tanto a insulina como o hormônio do crescimento são importantes e vitais, mas o problema está na relação entre eles! Quando ambos estão presentes na circulação, consegue-se maior ganho muscular possível, com maior queima de gordura alcançável.

Aumentando-se mais a concentração do hormônio do crescimento, promove-se um bloqueio na liberação da insulina, e com isso a queima de gordura se processa mais facilmente e sem interferências.

Os benefícios gerados pelo hormônio do crescimento são diversos (veja tabela a seguir); porém, o atleta de elite, em especial, não deve usar sua suplementação na forma de hormônio manufaturado (hoje bem comum), mas na forma de precursores naturais. Ou seja, o hormônio do crescimento humano deve ser estimulado através de certos aminoácidos que ajudarão a aumentar o sistema sangüíneo do atleta, sem contudo ultrapassar valores fisiológicos e se tornar potencialmente tóxico, e dessa forma ser considerado *doping*!

Se sua glândula pituitária está normal, certamente você não precisa de nenhuma droga química para aumentar seu hormônio do crescimento, pois o jejum prolongado, o exercício e a diminuição de ingestão calórica são situações naturais que estimulam a síntese do hormônio do crescimento, enquanto a obesidade e o envelhecimento provocam sua diminuição!

Benefícios do Hormônio do Crescimento

- Aumento de massa muscular, mesmo sem exercício, ↑ 8,8% em média após 6 meses de uso.
- Diminuição do tecido gorduroso, mesmo sem dieta, ↓ 14,4% em média após 6 meses de uso.
- ↑ Nível energético.
- Melhora da *performance* sexual.
- Melhora da função cardíaca.
- Aumento da *performance* no exercício.
- Melhora da função renal.
- ↓ Pressão arterial.
- Melhora do colesterol: ↓ LDL; ↑ HDL.
- Fortalecimento dos ossos.
- Aceleração da cicatrização.
- Estímulo do crescimento de cabelo.
- Atenuação das rugas.
- Eliminação da celulite.
- Melhora da visão.
- Melhora do humor.
- Melhora da memória.
- Melhora do sono.
- Recuperação do tamanho dos órgãos, como coração, fígado, baço, rins.

EXAMES DE CONCENTRAÇÃO DE VITAMINAS E AMINOÁCIDOS

ATIVIDADE ANTIOXIDANTE NO PLASMA

Para controlar a ingestão, absorção e destruição dos antioxidantes em um atleta, medem-se esses antioxidantes no plasma (parte aquosa do sangue). A medida de vitaminas antioxidantes (vitamina E, vitamina C, betacaroteno) no plasma é feita com métodos quantitativos de cromatografia líquida (originária da separação de substâncias presentes numa mistura, por sua diferença de cor). A cromatografia emprega o princípio de separação rápida das vitaminas antioxidantes, por meio da passagem do extrato do plasma por uma coluna fechada, onde essas diferentes vitaminas são "empurradas" sob pressão por um solvente líquido (fase móvel). Nesse solvente, as vitaminas são separadas pelo princípio de solubilidade: quanto mais solúvel, primeiro aparecerá na coluna. Ao saírem da coluna, essas substâncias são identificadas, agora separadamente, de acordo com suas propriedades químicas (absorção de luz ultravioleta, oxirredução, fluorescência etc.) e o valor obtido é comparado aos padrões do elemento analisado.

Os resultados desse exame permitem ao médico saber qual é a concentração plasmática dos antioxidantes e realizar o controle terapêutico, avaliando a eficácia da suplementação com antioxidante.

Os métodos de cromatografia líquida também podem medir outras vitaminas do complexo B, ácido fólico etc. São muito úteis na avaliação nutricional de um indivíduo.

PERFIL ANTIOXIDANTE MOLECULAR

Material: Plasma

Alfatocoferol (Vitamina E):	µmoles/L
Valores recomendados: acima de 50 µmoles/L	
Betacaroteno:	µmoles/L
Valores recomendados: acima de 3,5 µmoles/L	
Licopeno:	µmoles/L
Valores referenciais: 0,5 a 1,0 µmoles/L	
Ácido Ascórbico (Vitamina C):	µmoles/L
Valores recomendados: acima de 150 µmoles/L	
Vitamina A (all-trans-retinol):	µmoles/L
Valores referenciais: 1,50 a 2,20 µmoles/L	
Ubiquinol – 10 (Coe Q-10):	µmoles/L
Valores referenciais: 0,4 a 1,0 µmoles/L	

PERFIL DE ATIVIDADE DE ENZIMAS ANTIOXIDANTES ERITROCITÁRIAS

Superóxido dismutase (U/mg Hb):
Valores recomendados: 4,70 a 5,70 U/mg Hb

Catalase (U/mg Hb):
Valores recomendados: 120 a 160 de 50 U/mg Hb

Glutationa peroxidase (mU/mg Hb):
Valores recomendados: 10,00 a 15,20 mU/mg Hb

Glicose-6-fosfato desidrogenase (mU/mg Hb):
Valores recomendados: 7,00 a 12,00 mU/mg Hb

Glutationa redutase (CA – coeficiente de atividade):
Valores recomendados: 1,00 a 1,20 CA
                CA > 1,20: sugestivo de ingestão
                inadequada de riboflavina

GHS - GLUTATIONA TOTAL NO SANGUE

GSH total (µmol/g Hb sangue total):
Valores de referência: 5,8 a 6,5 µmol/g Hb

LPO - AVALIAÇÃO DA DEGRADAÇÃO OXIDATIVA DE ÁC. GRAXOS PLASMÁTICOS

DATA

Material: Plasma

LPO (ηmoles de MDA/mL plasma):	µmoles/L

Valores recomendados:
Mulheres: abaixo de 2,0 µmoles/mL
Homens: abaixo de 2,5 µmoles/mL

DOCTOR'S DATA LABORATORIES, INC.
170 W. Roosevelt Rd., P.O Box 111, West Chicago, IL 60185-3707, CALL TOLL FREE: (800) 323-2784

URINE AMINO ACID ANALYSIS

Physician.: James T. Hicks, MD
Patient...: Sample: Cancer Patient
Age......: 64
Sex......: M
Volume....: 1750 cc
Representativeness: 95%

Acct Number...: 15417
Lab Number....: 97296-0021
Page Number...: 1
Date Collected:
Date Received.: 10/23/97
Date Completed: 10/23/97

Metabolite	Unit of Measure	Patient Value	Reference Range Low	Reference Range High	
Alanine	mcM/24hrs	505.	120.	600.	
B-Alanine	mcM/24hrs	4.6	0.0	15.0	
A-Aminoadipic Acid	mcM/24hrs	47.8	15.0	90.0	
A-Amino-n-butyric Acid	mcM/24hrs	12.9	5.0	50.0	
G-Aminobutyric Acid	mcM/24hrs	11.0	0.0	10.0	HIGH
B-Aminoisobutyric Acid	mcM/24hrs	322.	0.	300.	HIGH
Ammonia	mcM/24hrs	68906.	14000.	64500.	HIGH
Anserine	mcM/24hrs	0.9	0.0	110.0	
Arginine	mcM/24hrs	11.0	5.5	60.0	
Asparagine	mcM/24hrs	259.1	60.0	400.0	
Aspartic Acid	mcM/24hrs	185.6	29.0	135.0	HIGH
Carnosine	mcM/24hrs	8.3	0.0	60.0	
Citrulline	mcM/24hrs	18.4	3.0	40.0	
Cystathionine	mcM/24hrs	20.2	11.0	70.0	
Cysteine	mcM/24hrs	14.7	31.0	90.0	LOW
Cystine	mcM/24hrs	110.3	32.0	130.0	
Ethanolamine	mcM/24hrs	322.	125.	435.	
Glycine	mcM/24hrs	864.	480.	2450.	
Glutamic Acid	mcM/24hrs	15.6	6.0	65.0	
Glutamine	mcM/24hrs	595.	140.	810.	
Histidine	mcM/24hrs	2018.	390.	2100.	
Homocystine	mcM/24hrs	NOT DETECTED	0.00	3.50	
Hydroxyproline	mcM/24hrs	224.2	0.0	55.0	HIGH
Isoleucine	mcM/24hrs	10.1	7.0	60.0	
Leucine	mcM/24hrs	90.0	13.5	110.0	
Lysine	mcM/24hrs	167.	80.	700.	
Met Sulfoxide	mcM/24hrs	NOT DETECTED	0.0	0.8	
Methionine	mcM/24hrs	58.8	9.0	55.5	HIGH
1-Methylhistidine	mcM/24hrs	147.	130.	930.	
3-Methylhistidine	mcM/24hrs	303.	65.	360.	
Ornithine	mcM/24hrs	178.2	5.5	45.0	HIGH
Phenylalanine	mcM/24hrs	88.2	25.0	150.0	
Phosphoethanolamine	mcM/24hrs	36.8	20.0	100.0	
Phosphoserine	mcM/24hrs	150.7	20.0	140.0	HIGH
Proline	mcM/24hrs	NOT MEASURED	INTERFERING PEAK		
Sarcosine	mcM/24hrs	NOT DETECTED	0.0	1.0	
Serine	mcM/24hrs	579.	160.	650.	
Taurine	mcM/24hrs	66.	350.	1850.	LOW
Threonine	mcM/24hrs	342.	80.	490.	
Tryptophan	mcM/24hrs	29.4	25.0	140.0	
Tyrosine	mcM/24hrs	181.9	40.0	260.0	
Valine	mcM/24hrs	57.0	12.0	85.0	
Urea	mM/24hrs	349.	220.	615.	
Creatinine	mg/24hrs	1975.	800.	2200.	

James T. Hicks, M.D., Ph.D., Medical Director, CLIA ID#: 14D0646470

ANÁLISE DE AMINOÁCIDOS

É importante para profissionais que se especializam em medicina esportiva e longevidade. Atletas precisam manter um ótimo nível de aminoácidos para suportarem a *performance* máxima, além de rápida recuperação física e reparação de lesões. Esse tipo de teste nos permite acesso a informações fundamentais sobre o adequado nível nutricional: quantidade e qualidade de proteína na dieta, distúrbios digestivos, deficiências de vitaminas e minerais (principalmente ácido fólico, vitaminas B_{12} e B_6, zinco e magnésio), disfunção renal e hepática, susceptibilidade a estresse oxidativo, capacidade de desintoxicação reduzida etc. Pode ser realizado tanto na urina de 24 h (1ª escolha) ou através de plasma sangüíneo.

GENÉTICA DO RECORDISTA

O estudo e a possibilidade de manipular a seqüência do código genético (DNA) poderão explicar por que alguns atletas conseguem bater recordes e outros não, e permitir a outros esta virtude; ou seja, será possível influenciar no desempenho do atleta para atingir determinadas finalidades.

Uma recente pesquisa nesse campo, realizada por Hugh Montgomery e colaboradores da Fundação Britânica do Coração, publicada na revista *Nature* (fev. 2000), mostra que indivíduos com uma variante mais alongada do gene ACE (enzima conversora de angiotensina) conseguiram aumentar a eficiência dos músculos no uso de energia em até 8,62%; enquanto aqueles com variante menor perdiam um pouco da eficiência, menos 0,39%, quando solicitados a um programa de exercícios.

A pesquisa foi feita com um grupo de 58 recrutas do exército, todos caucasianos, 35 dos quais tinham a variante (ou alelo) alongada, e 23 deles, a conversão menor. Eles praticaram exercícios em bicicleta ergométrica, e sua respiração era medida para se calcular a energia gasta. Ainda não se sabe com certeza o motivo da maior eficiência dos músculos exercitados das pessoas com essa variante.

Mas acredita-se que uma menor atividade da enzima ACE, que é uma proteína vasoconstritora (promove contração dos vasos sangüíneos), produza nos músculos concentração local de óxido nítrico, uma substância capaz de estimular a ação de contração muscular.

A partir dos estudos da genética surge um horizonte promissor não só para a prevenção de doenças, como também para a longevidade e para a melhoria da condição física dos atletas.

ESTERÓIDES

Esteróides anabolizantes são sinteticamente alterados para estimular o aumento de massa muscular e melhora da atividade física. Tem havido um aumento do uso de esteróides tanto do atleta profissional e olímpico, como do amador.

Essas substâncias aceleram a degradação protéica nos aminoácidos, aumentando os músculos e reduzindo o tempo de recuperação pós-exercício. Entretanto, a ciência não foi capaz de torná-las inofensivas; elas acarretam diversos efeitos colaterais sérios. O perigo dos esteróides sintéticos de longe supera as suas vantagens.

Os esteróides promovem destruição de tecido glandular, alteram o fechamento das epífises ósseas no homem, retração de testículos, hipercolesterolemia, diminuição do número de espermatozóides e esterilidade, sinais estes que aparecem mesmo com poucos meses de uso, além de aumento e flacidez da musculatura peitoral, enfraquecimento do tecido conectivo, icterícia por alteração de função hepática, aumento do coração, distúrbios circulatórios e efeitos colaterais como personalidade hostil e alterações faciais.

Formas livres de aminoácidos naturais além de proteínas derivadas de fontes alimentares podem agir como alternativa aos esteróides, ajudando a criar uma estrutura corporal competitiva sem conseqüências destrutivas, como as advindas com os esteróides.

Esteróides naturais ajudam na liberação de hormônio do crescimento, promovem desintoxicação de amônia e do meio ácido, estimulam a imunidade e a regeneração hepática. E como resultado: uma elevação do potencial físico, promovendo rápida recuperação, aumento de disposição física, resistência e *performance* atlética.

CONTROLE ANTIDOPING

*E*sse processo teve início em 1968, nas Olimpíadas do México. A sofisticação dos equipamentos cresceu muito e atualmente os melhores laboratórios do mundo, com essa finalidade, adotam o mesmo padrão que foi utilizado nas Olimpíadas de Atlanta, em 1996.

A briga pelo esporte "limpo" contra as drogas químicas, que promovem aumento de músculos em busca de medalhas, passa agora a contar com mais um recurso, que é o exame de sangue. Através dos parâmetros clássicos de análise da urina, certos atletas conseguem "driblar" essa avaliação, utilizando produtos indetectáveis a essa técnica, como a eritropoietina, hormônio do crescimento que aumenta a massa muscular, melhora e acelera a recuperação do organismo e a transfusão de sangue. A eritropoietina aumenta a quantidade de glóbulos vermelhos no sangue, reforçando a capacidade de oxigenação e de resistência do atleta.

Ultimamente houve um crescimento do uso de nandrolona (anabolizante injetável), como ficou evidente depois de detectada em nomes vitoriosos do atletismo, do lançamento de disco e do arremesso de peso.

Nessa estranha epidemia houve suspeita de que os suplementos alimentares pudessem ser a causa do grande número de testes positivos, apesar de o Dr. Eduardo De Rose, integrante das comissões médicas do Comitê Olímpico Internacional e Brasileiro, atuante na área desde 1976 (Olimpíadas de Montreal) estranhar essa versão. Ele diz só conhecer a nandrolona injetável e nunca ter visto caso prático de resultado positivo pela substância por contaminação de algum suplemento alimentar, apesar de existirem suposições internacionais que isso possa ocorrer.

Desde 1976 as estatísticas mostram que 65% dos casos de *antidoping* positivo são causados por esteróides anabolizantes, e a nandrolona a mais freqüente. Ela é um anabolizante endógeno fabricado pelo próprio organismo, que, usada artificialmente, serve para aumentar a massa muscular e melhorar a recuperação física, uma conduta condenada. A nandrolona só é tolerada quando detectada nos exames no limite máximo de 2 nanogramas por mililitro de urina, ou seja, em condições fisiológicas de produção orgânica.

É importante que isso fique claro, pois o uso de precursores naturais, como aminoácidos, fitoterápicos, vitaminas e minerais, não é considerado *doping*, pois são simplesmente precursores de certos anabolizantes, ao contrário do próprio hormônio anabolizante injetado, que é artificial. Os precursores naturais não podem jamais causar aumento dos hormônios artificiais, que possam caracterizar *doping* ou causar agressões ao organismo.

Deve-se atentar para a idoneidade dos suplementos nutricionais, pois pode haver "adição" de hormônio aos complementos, sem que o usuário possa saber pelo rótulo. Ou seja, em certos casos, no rótulo constam só produtos naturais, e na verdade não é divulgado que há algo mais, fazendo com que o produto obtenha excelente resultado, potencializando vendas como único interesse, e colocando o atleta e o médico que o acompanha em sérios riscos.

Assim, volto a enfatizar: tanto o médico como o atleta devem ter o maior cuidado na escolha dos suplementos alimentares e sempre consumir produtos de máxima idoneidade.

DOPING NO ESPORTE

O *doping* transgride a ética da ciência médica e esportiva e consiste em:

1. Uso de substâncias pertencentes às classes farmacológicas proibidas e/ou
2. Utilização de métodos proibidos.

No nosso país, há maior facilidade de o atleta obter produtos farmacêuticos para automedicação, assim como consumir elementos industrializados e comercializados sem critério médico-científico adequado. Muitas vezes o remédio é indicado por pessoas sem qualificações e pode comprometer o atleta. É preciso muita atenção, por exemplo, às inofensivas medicações para cefaléia, processos gripais, assim como preparações combinadas, como vitaminas que contenham em sua composição estimulantes psicomotores e anabólicos esteróides.

Cada Federação Esportiva apresenta proibições específicas, devendo-se observar estas variantes.

Vamos abordar os regulamentos do **Comitê Olímpico Internacional (COI)**:

I. Classes de substâncias proibidas

A. Estimulantes
B. Narcóticos
C. Agentes anabólicos
D. Diuréticos
E. Hormônios glicoprotéicos, peptídicos e análogos

II. Métodos proibidos

A. Dopagem sangüínea
B. Manipulações farmacológicas, químicas e físicas

III. Classes de drogas sujeitas a certas restrições

A. Álcool
B. Maconha
C. Anestésicos locais
D. Corticosteróides
E. Bloqueadores beta-adrenérgicos

I. CLASSES DE SUBSTÂNCIAS PROIBIDAS

Todas as substâncias pertencentes às classes proibidas não podem ser usadas, mesmo que não estejam relacionadas nas listas como exemplos. Por esta razão, a expressão "e substâncias análogas" é introduzida. Este termo descreve substâncias que são análogas às classes por sua ação farmacológica e/ou estrutura química.

A. Estimulantes

Exemplos de substâncias proibidas da **classe A**:

Nome genérico	Sinônimo
Almitrina	
Amifenazol	DAPT
Amineptina	
Aminofilina	teofilina etilenodiamina, eufilina, metafilina
Anfepramona	dietilpropiona, α-benzoiltrietilamina
Anfetamina	desoxinorefedrina racêmica, beta amino-propilbenzeno
Anfetaminil	
Bamifilina	benzetamofilina
Bemegride	metetarimida
Benzfetamina	
Bitolterol	
Bufilina	ambufilina, teofilina-aminoisobutanol
Bromantano	
Cafeína*	guaranina, metilteobromina, teína
Catina	norpseudoefedrina, pseudonorefedrina
Carfedon	
Cimaterol	
Clembuterol	
Clobenzorex	

Nome genérico	Sinônimo
Clorfentermina	
Clorprenalina	isoprofenamida, clarfenalina, isoprofenamina
Cocaína	metilbenzoilecgonina, neurocaína
Cropropamida	
Crotetamida	
Dexanfetamina	dextroanfetamina
Dimetanfetamina	
Dobutamina	
Doxapram	
Efedrina**	
Estricnina	
Etafedrina	etilefedrina
Etamivan	etamivana, dietilamida vanílica
Etilanfetamina	
Etilefrina	etiladrianol, etilnorfenilefrina
Etilnoradrenalina	etilnorepinefrina, etilnorsuprarenina
Femproporex	fenproporex, N-2-cianoetilanfetamina
Fencanfamina	
Fendimetrazina	
Fenetilamina	β-aminoetilbenzeno
Fenetilina	anfetilina, teofilinaetilanfetamina

Nome genérico	Sinônimo
Fenfluramina	norfenfluramina
Fenilefrina	neosinefrina, m-sinefrina
Fenilpropanolamina	dl-norefedrina
Fenilpropanolamina	midriatina
Fenmtrazina	oxazimedrina
Fenoterol	
Fenoxazolina	
Fentermina	α-benzilisopropilamina
Foledrina	isodrina, simpropaminum
Formoterol	
Furfurilmetilanfetamina	furfenorex
Heptaminol	
Hidroxianfetamina	oxanfetamina
Isoetarina	N-isopropiletilnoradrenalina, etiprenalina
Isoprenalina	isoproterenol, isopropilarterenol, N-isopropilnoradrenalina
Mabuterol	ambuterol
Mazindol	
Meclofenoxato	cetrofenoxina, meclofenoxana, clofenoxina, clofenoxato
Mefenorex	
Mefentermina	mefenterdrina, mefetedrina
Mesocarb	mesocarbo

Nome genérico	Sinônimo
Metanfetamina	d-deoxiefedrina, d-desoxiefedrina, metilanfetamina
Metaraminol	hidroxinorefedrina, m-hidroxipropadrina, m-hidroxifenilpropanolamina
Metilefedrina	l-metilefedrina, l-N-metilefedrina
Metilfenidato	metilfenidilacetato, metilfenidana
Metoxamina	metoxamedrina
Metoxifenamina	metoxifenafrina, mexifamina
Morazona	
Nafazolina	
Niquetamida	cartiamida, ácido dietilamida nicotínio, nicorina, niquetilamida
Orciprenalina	
Oximetazolina	
Pemolina	fenoxazol, fenilisoidantoína, fenil-pseudoidantóina, azoxodona, fenilona
Pentetrazol	corazol, leptazol, pentametazol, pentilenetetrazol, pentazol
Picrotoxina	coculina
Pipradol	a-pipradol
Piracetam	
Pirbuterol	
Piritinol	piritioxina

Nome genérico	Sinônimo
Pirovalerona	
Prenalterol	
Procaterol	
Prolintano	fenilpirrolidinopentano
Propilexedrina	hexaidrodesoxiefedrina
Proxifilina	purofilina
Pseudoefedrina	d-isoefedrina
Ritodrina	
Salbutamol***	albuterol
Salmeterol***	
Selegilina	dimetilpropinilfenetilamina
Teofilina	1,3-dimetilxantina
Terbutalina***	
Tetraidrozolina	tetrizolina
Tuaminoeptano	2-aminoeptano
Xilometazolina	
	... e substâncias similares.

* Para cafeína a definição de um resultado positivo depende da sua concentração na urina, não podendo exceder 12 microgramas por mililitro (12 mg/ml).
** Para efedrina, catina e metilefedrina, a definição de um positivo é 5 microgramas por mililitro (5 mg/ml) de urina. Para fenilpropanolanina e pseudoefredina a definição de positivo é o microgramas por mililitros (10 mg/ml) de urina. Se mais de uma dessas substâncias está presente, as quantidades devem ser somadas, e se a soma exceder 10 microgramas por mililitro, a amostra será considerada positiva.
*** Permitida para inalações somente quando seu uso é previamente notificado por escrito pelo médico à autoridade médica competente.

Preparações imidazólicas são aceitáveis para o uso tópico (ex.: oximetazolina). Vasoconstritores (ex.: adrenalina) podem ser ministrados com anestésicos locais. Preparações de uso tópico (ex.: nasal, oftalmológicas) de fenilefrina são permitidas.

B. Narcóticos

Exemplos de substâncias proibidas da **classe B**:

Nome genérico	Sinônimo
Alfaprodina	
Anfentanil	
Alilprodina	
Anileridina	
Benzilmorfina	
Bezitramida	benzitramida
Buprenorfina	
Butirato de dioxafetil	
Butorfanol	
Clonitazeno	
Codeína	metilmorfina, morfina metil éter
Desomorfina	diidrodesoximorfina-D
Dextromoramida	pirrolamidol, dextrodifenopirina
Dextropropoxifeno	propoxifeno
Dezocina	
Diamorfina	heroína, diacetilmorfina, acetomorfina

Nome genérico	Sinônimo
Diampromida	
Difenoxilato	
Diidrocodeína	diidroneopina, drocode, hidrocodeína
Diidromorfina	
Dimefeptanol	bimetadol
Dimenoxadol	
Dimetiltiambuteno	aminobuteno, dimetilbutina
Dipipanona	fenilpiperona, piperidilmetadona, piperidilamidona
Eptazocina	
Etilmetiltiambuteno	etilmetilambuteno
Etilmorfina	
Etoeptazina	heptaciclazina
Etoeptazocina	etil-heptazina
Etonitazeno	
Fenadoxona	heptazona, morfodona
Fenazocina	fenetilazocina, fenobenzorfano
Fenoperidina	
Fentanila	fentanil
Hidrocodona	diidrocodeína
Hidromorfona	diidromorfinona, dimorfona
Hidroxipetidina	demidona, oxipetidina

Nome genérico	Sinônimo
Isometadona	isoamidona, isoadanona
Levorfanol	levorfano, lemorana
Lofentanil	
Meptazinol	
Metadona	amidona, fenadona
Metadona (cloridrato)	
Metazocina	metobenzomorfina
Metopon	metildiidromorfina, diidrometilmorfina
Mirofina	miristato de benzilmorfina, mirocodina
Morfina*	morfia, morfio
Nalbufina	
Nicomorfina	dinicotinato de morfina, nicofina
Norlevorfanol	
Normetadona	desmetilmetadona, fenildimazona
Normorfina	desmetilmorfina
Norpipanona	
Oxicodona	diidroidroxicodeína, diidrona, oxicona
Oximorfona	diidroidroximorfina, oxidimorfona
Penazocina	fenetilazocina
Pentazocina	
Petidina	isonipecaína, meperidina
Piminodina	

Nome genérico	Sinônimo
Piritramida	pirinitramida
Promedol	trimeperidina
Propiram	
Quetobemidona	cetomidona
Sufentanil	
Tebacom	diidrocodeinona enol acetato, acetildiidrocodeinona, acetidrocodona
Tilidata	tilidina
Tramadol	
	... e substâncias similares.

Nota: codeína, dextrometorfano, dextropropoxifeno, diidrocodeína, defenoxilato, etilmorfina, folcodina e propoxifeno são permitidos.

---

* Morfina: positivo para concentrações acima de 1 mg/ml de urina.

C. Agentes anabólicos

A classe de anabólicos inclui:
1. Esteróides anabólicos androgênicos (AAS)
2. Agonistas Beta-2

Exemplos de classes de substâncias proibidas:

1. Esteróides anabolizantes

Nome genérico	Sinônimo
Androstanolona	
Androstenediona	
Androstenodiol	
Bolasterona	7 α, 17 α-dimetiltestosterona
Boldenona	deidrotestosterona
Calusterona	
Clostebol	4-clorotestosterona
Danazol	
Deidroepiandrosterona	DHEA
Drostanolona	dromostanolona
Estanozolol	androstanazol, estanazol, metilestanozolol
Etiloestrenol	etilestrenol
Fluoximesterona	androfluorona
Formebolona	formildienolona
Gestrinona	
Mestanolona	androstalona

Nome genérico	Sinônimo
Mesterolona	mestorano
Metandienona	metandrostenolona
Metandriol	metilandrostenodiol, mestenodiol, MAD, masdiol
Metenolona	
Metiltestosterona	
Mibolerona	
Nandrolona	19-nortestosterona
Noretandrolona	
Oxabolona	
Oxandrolona	
Oximesterona	oximestrona
Oximetolona	anasterona
Testosterona	
Trembolona	triembolona, trienolona
Zeranol	zearanalol
... e substâncias similares.	

A presença de uma relação de testosterona (T) para epitestosterona (E) maior que 6 na urina de um competidor constitui uma ofensa, a menos que existam evidências de que essa relação é devida a uma condição patológica ou fisiológica, por exemplo, baixa excreção de ipitestosterona, tumor produzido andrógeno ou deficiência enzimática.

No caso de relação T/E maior que 6, é necessário que a autoridade médica competente conduza uma investigação antes de a amostra ser declarada positiva. Um relatório completo será escrito e incluirá uma revisão dos exames prévios subseqüentes e quaisquer resultados de investigações endócrinas. No evento em que testes prévios não estão disponíveis, o atleta deve ser examinado sem aviso pelo menos uma vez por mês durante três meses. Os resultados dessas investigações deverão ser incluídos no relatório. Falta de cooperação na investigação resultará na declaração de amostra positiva.

2. Agonistas Beta-2

Quando administradas sistemicamente, agonistas beta-2 têm poderosos efeitos anabólicos.

Nome genérico	Sinônimo
Bambuterol	
Bitolterol	
Cimaterol	
Clembuterol	clembuterol
Clorprenalina	isoprofenamida, clarfenalina, isoprofenamina
Fenoterol	
Formoterol	
Isoprenalina	isoproterenol, isopropilarterenol, N-isopropilnoradrenalina
Mabuterol	ambuterol
Orciprenalina	metaproterenol
Pirbuterol	

Nome genérico	Sinônimo
Procaterol	
Reproterol	
Rimiterol	
Ritodrina	
Salbutamol	albuterol
Salmeterol	
Terbutalina	
	... e substâncias similares.

D. Diuréticos

Exemplos de substâncias proibidas da **classe D**:

Nome genérico	Sinônimo
Acefilina	carboximetilteofilina
Acetazolamida	acetazoleamida, acetamox, atenezol
Ácido etacrínico	
Ácido tienílico	ticrinafeno
Altiazida	altizida
Amanozina	
Ambusida	
Amilorida	amipramina, amipramizida, guanamprazina

Nome genérico	Sinônimo
Aminometradina	aminometramida
Amisometradina	aminoisometradina
Arbutina	arbutosida, ursina, glicose hidroquinona
Azosemida	
Bendroflumetiazida	bendrofluazida, benzidroflumetiazida, benzilhidroflumetiazida
Benzilidroclorotiazida	
Benzotiazida	benztiazida
Bumetanida	
Butazolamida	butamida
Butiazida	ciabutazida, butizida, isobutilidroclorotiazida
Canrenona	
Ciclopentiazida	diclometiazida, tsiclometiazida
Ciclotiazida	
Clofenamida	monoclorfenamida, clorfenamida
Clomerodrina	clomeroprina, diurona, merclorano
Clopamida	closudimeprimila
Cloraminofenamida	
Clorazanila	clorazinila
Clorexolona	
Clorotiazida	
Clortalidona	clorftalidona, ftalamodina

Nome genérico	Sinônimo
Dissulfamida	disamida
Eptiazida	eptizida
Espironolactona	espirolactona
Etiazida	actiazídio
Etoxzolamida	etoxizolamida, etamida
Etozolina	
Fenquizona	
Furosemida	frusemida, fursemida
Hidracarbazina	
Hidroclorotiazida	clorosultiadila
Hidroflumetiazida	trifluormetilhidrotiazida, diidroflumetiazida, metfloriltiazidina
Indapamida	
Isossorbida	isosorbida
Manitol*	manita, ácido cordicépico
Mefrusida	
Mersalil	mercuramida, mercusal, mersalina
Metazolamida	
Meticlotiazida	
Meticrano	
Metochalcona	
Metolazona	

Nome genérico	Sinônimo
Morfolinometilteofilina	
Muzolimina	
Oleandrina	neriolina
Pamabrom	
Paraflutiazida	
Perexilina	perexileno
Piretanida	
Politiazida	
Proteobromina	
Quinetazona	chinetazona
Teclotiazida	tetraclometiazida
Teobromina	
Torsemida	torasemida
Triantereno	triamtereno, ademina, pterofeno
Triclormetiazida	hidrotriclorotiazida, triclorometiazida
Tripamida	toripamida
Xipamida	
	... e substâncias similares.

---

* Proibidos por injeção intravenosa.

E. Hormônios glicoprotéicos peptídicos e análogos

Exemplos de substâncias proibidas da **classe E**:

Nome genérico	Sinônimo
Gonadotrofina coriônica	HCG – Coriogonadotrofina, CG
Corticotropina	ACTH, adrenocorticotropina, corticotropina
Somatotrofina	Hormônio do crescimento, hormônio somatotrópico, GH, hGH
Todos os fatores de liberação (e seus análogos) das substâncias acima mencionadas são também proibidos.	
Eritropoietina	EPO, ESF, hemopoietina

II. MÉTODOS PROIBIDOS

Os procedimentos seguintes são proibidos:

A. Dopagem sangüínea (*blood doping*)

Dopagem sangüínea é a administração de sangue, células vermelhas ou produtos sangüíneos correlatos ao atleta. Esse procedimento pode ser precedido pela retirada do sangue do atleta que continua treinando no seu estado de depleção sangüínea.

B. Manipulações farmacológicas, químicas e físicas

Manipulações farmacológicas, químicas ou físicas tratam do uso de substâncias ou métodos que alteram, tentam alterar ou apresentam a possibilidade de alterar a integridade ou validade de amostras de urina usadas no controle da dopagem. Incluem também, sem limitação, cateterização, substituição ou adulteração da urina, inibição da excreção renal, como a conseguida pelo uso da probenicida e de compostos relacionados, e alterações das concentrações de testosterona e epitestosterona, como as obtidas pela ministração de testosterona* ou bromantano.

O sucesso ou o fracasso do uso de substância ou método proibido não é material. É suficiente que seja verificada a utilização ou a tentativa de utilizar um procedimento ou substância para a infração ser considerada consumada.

III. CLASSES DE DROGAS SUJEITAS A CERTAS RESTRIÇÕES

A. Álcool

De acordo com as Federações Esportivas Internacionais e as autoridades responsáveis, exames podem ser realizados para verificar a presença de etanol. Os resultados poderão levar à aplicação de sanções.

B. Maconha

De acordo com as Federações Esportivas Internacionais e as autoridades responsáveis, exames podem ser realizados para verificar a presença de cabinóides (exemplos: maconha, haxixe). Os resultados poderão levar à aplicação de sanções.

C. Anestésicos locais

Injeções de anestésicos locais são permitidas sob as seguintes condições:

a) bupivacaína, lidocaína, mepivacaína, procaína etc. podem ser usadas, mas cocaína não.

---

* Uma concentração de epitestosterona na urina em excesso de 200 nanogramas por mililitro será investigada por estudos relatados no item C, a seguir.

Agentes vasoconstritores (ex.: adrenalina) podem ser usados em conjunto com anestésicos locais.
b) somente injeções locais ou intra-articulares podem ser ministradas.
c) somente com justificativa médica.

De acordo com as Federações Esportivas Internacionais e as autoridades responsáveis, notificações do uso permitido podem ser necessárias, exceto para aplicações dentais. Os detalhes, incluindo diagnóstico, dosagem e via de administração, devem ser apresentados por escrito à autoridade médica competente, antes da competição ou imediatamente a ela, quando ministrada durante a competição.

D. Corticosteróides

O uso de corticosteróides é proibido, exceto:
a) para uso tópico (anal, oral, dermatológico, nasal e oftalmológico), mas não retal;
b) para inalação;
c) para injeções locais ou intra-articulares.

A Comissão Médica do COI introduziu relatório obrigatório para atletas que necessitam de corticosteróides por inalação para o tratamento de asma durante as competições. Todo médico de delegação desejando ministrar corticosteróides por inalação ou por injeção local intra-articular a um competidor precisa apresentar justificativa escrita à autoridade médica competente antes da competição.

E. Bloqueadores beta-adrenérgicos

Alguns exemplos de bloqueadores beta-adrenérgicos são:

Nome genérico	Sinônimo
Acebutolol	
Alprenalol	
Amosulalol	
Arotinolol	
Atenolol	
Befunolol	
Betaxolol	
Bevantolol	
Bisoprolol	
Bopindolol	
Bucomolol	
Bufetolol	
Bufuralol	
Bunitrolol	
Bupranolol	bupranol
Butidrina	
Butofilolol	
Carazolol	
Carteolol	
Carvediol	

Nome genérico	Sinônimo
Celiprolol	
Cloranolol	
Dilevalol	dilevalona, levadil
Epanolol	
Esmolol	
Indenolol	
Labetalol	ibidomida
Levobunolol	I-bunolol
Mepindolol	
Metipranolol	metipranol, trimepralol
Metoprolol	
Moprolol	
Nadolol	
Nadoxolol	
Nebivolol	narbivolol
Nifenalol	isofenalol
Nipradilol	nipradolol
Oxprenolol	
Pembutolol	penbutolol
Pindolol	prinolol, prinodolol
Practolol	
Pronetalol	

Nome genérico	Sinônimo
Propranolol	
Sotalol	
Sulfinalol	
Talinolol	
Tertatolol	
Tilisolol	
Timolol	
Toliprolol	
Xibenolol	
	... e substâncias similares.

De acordo com as regras das Federações Esportivas Internacionais, os exames serão realizados em algumas modalidades esportivas, a critério das autoridades responsáveis. Os resultados podem levar a sanções.

RESUMO DA REGULAMENTAÇÃO DO COI PARA DROGAS QUE NECESSITAM NOTIFICAÇÃO MÉDICA POR ESCRITO

Substâncias	Proibição	Uso autorizado com notificação	Uso autorizado sem notificação
Determinados*	Oral	Inalatório	
Agonistas Beta-2	Injeções sistêmicas		
Corticosteróides	• Oral • Injeções sistêmicas • Retal	• Inalatório • Injeções locais • Injeções intra-articulares	Tópico (anal, aural, nasal), dermatológico, oftalmológico
Anestésico** local	Injeções sistêmicas		Injeções dental, local e intra-articular***

* Salbultamol, salmeterol, terbutalina; todos os outros agonistas beta são proibidos.
** Com exceção da cocaína, que é proibida.
*** Em acordo com algumas Federações Esportivas Internacionais, a notificação pode ser necessária para alguns esportes.

RESUMO DAS CONCENTRAÇÕES DE SUBSTÂNCIAS NA URINA ACIMA DAS QUAIS O COI CONSIDERA DOPING

Catina	> 5 microgramas/mililitro
Efedrina	> 5 microgramas/mililitro
Epitestosterona	> 200 nanogramas/mililitro
Metilefedrina	> 5 microgramas/mililitro
Morfina	> 1 micrograma/mililitro
Fenilpropanolamina	> 10 microgramas/mililitro
Pseudoefedrina	> 10 microgramas/mililitro
Relação T/E (Testosterona/Epitestosterona)	> 6

Atenção: Apesar desta longa relação de substâncias proibidas, pode haver algumas que não aparecem nesta lista, mas que também são proibidas, enquadrando-se no termo "... e substâncias similares".

Aconselha-se a todo atleta somente tomar medicações que são prescritas por um médico que possa assegurar quais são as drogas permitidas pela Comissão Médica do COI ou por autoridades responsáveis.

É essencial que toda medicação ou droga química utilizadas pelos atletas sujeitos a controle de *doping* nos três dias prévios sejam declaradas ao controle oficial de dopagem.

MEDICAÇÕES PERMITIDAS

Antiácidos

Aclorisan, Aldrox*, Alka-Seltzer, Alrac, Andursil, Antiacil, Asilone, Bisuisan, Digastril, Estomagel, Gastrogel, Gastrol, Gastromag Gel, Gelusil M, Hidroxogel, Kolantyl, Leite de Magnésia, Maalox Plus, Magnecy, Magnésia Bisurada, Mylanta Plus, Pepsamar, Pepsogel, Siligel, Siludrox, Simecoplus, Sonrisal.

Antidiarréicos

Colestase, Diarresec, Enterobion, Enterodina, Enteromicina, Floratil, Florax, Furazolin, Imosec, Kaomagma, Kaopectate, Lomotil, Parenterin.

Não devem ser usadas preparações com ópio.

Antiasmáticos

Aerolin, Bricanyl*.

Estes medicamentos indicados estão sob a forma de aerossóis ou preparações para inalação.

Antialérgicos

Agasten, Cilergil, Hismanal, Fenergan*, Intal*, Periatin, Prometazina, Teldane*.

Antinauseantes-antieméticos

Dramin, Emitic, Estac, Metoclopramida, Motilium, Normopride, Plamet, Plasil, Pleiadon, Vogalene, Vomix, Vontrol.

Antiulcerosos

Antak, Cimetidina, Climatidine, Gastrodine, Label, Logat, Neocidine, Ranidin 300 mg, Tagamet, Ulcedine, Ulcenon, Ulcoren, Zadine.

Analgésicos, antiinflamatórios, antipiréticos

AAS, AAS infantil, Acetaminofen, Acetaminofen 500, Ácido acetilsalicílico 500 mg, Ácido acetilsalicílico infantil, Algipron, Aliviol, Artril, Aspiçucar, Aspirina*, Aspirina infantil, Atilan 100 mg, Baralgin, Buscopan, Butazona, Clinoril*, Dipirona, Dolocid, Donorest, Dorbid*, Dôrico, Endosalil, Endosprim, Eraldor, Flanax, Feldene*, Glifanan, Glifarrelax, Indocid-A, Inflamene, Motrin*, Naprosyn, Novalgina, Pacemol, Piroxifen, Piroxiflam, Ponstan*, Profenid*, Ronal*, Scaflam, Tandrex, Tandrex-A, Tylenol*, Tynofen, Voltaren*, Voltaren retard, Zareumal, Zepelan.

Contraceptivos

Anacyclin*, Anfertil, Biofim, Evanor, Magestran, Micronor, Microvlar, Neovlar, Nordette, Normamor, Primovlar, Trinordiol.

Descongestionantes nasais

Beclosol nasal spray, Otrivina, Rinossoro, Sorine.

Expectorantes

Alergolgel, Alergotox expectorante, Atossion, Benadryl expectorante, Bisolvon*, Bisolvon ampicilina, Clistin expectorante, Fluimucil 10 a 20%, Glicodin, Glyconlodepol, Iodetal, Iodeto de Potássio Líquido, Pulmonix, Rinofluimucil Subitan, Xarope de Iodeto de Potássio Composto.

Antitussígenos

Alergo Glucarbet expectorante, Fimatosan, Silomat.

Antifúngicos

Ancotil, Canesten, Daktarin, Flagyl – nistantina, Fulcin, Fungizon, Micostatin, Nistantina, Nizoral, Sporostatin.

Anti-hemorroidários

Claudemor, Glyvenol, Hemorroidex, Nestosyl, Novaboin, Novarrurita, Zurita, Venalot H – creme.

Hipnóticos

Benzodiazepínicos: Dalmadorm*, Nitrazepan, Nitrazepol, Sonebon, Sonotrast.

Barbitúricos: Fenergan*, Prometazina.

Sedativos: Ansitec, Calmociteno, Diazepan, Diazepan NQ, Dienpax, Frizium, Kiatrium, Lexotan, Lorax, Mesmerin, Psicosedin, Stelazine, Tensil, Tranxilene, Urbanil, Valium.

A Federação Internacional de Pentatlo Moderno não permite o uso de sedativos no que se refere à modalidade de prova de tiro; podem, portanto, ser solicitadas dosagens de medicamento para este esporte.

Insulina e antidiabéticos

Insulina: Actrapid MC, Biohulin L, Biohulin N, Biohulin R, Biohulin Ultralenta, Humulin L, Humulin N, Humulin R, Monotard MC.

Hipoglicemiantes orais: Daonil*, Diabinese*, Debei, Glucophage, Minidiab.

Relaxantes musculares periféricos

Besaprin, Beserol, Coltrax, Equanil, Flaxedil, Glifarrelax, Mioflex, Sirdalud.

Tópicos dermatológicos

Podem ser usados todos os produtos que se apresentam no mercado, desde que respeitada a prescrição médica.

Preparações Vaginais: Colpistatin, Flagyl, Ginedak, Ginodex, Gyno – daktarin, Micogyn, Micostatin*, Nisatina, Talsutin*.

Preparações Oftálmicas: Anestacon, Cloranfenicol – colírio e pomada, Colírio cicloplégico, Dexafenicol – colírio e pomada, Flumex 0,10% e 0,25%, Fluresceína, Isopto Carpine, Lácrima, Maxidex colírio, Maxitrol – colírio e pomada, Midriacyl colírio, Minidex pomada, Opticron, Opti-teras, Pilocarpina 1%, 2% e 4%, Timolol 0,25% 0,50%, Timoptol colírio.

Antibióticos

Penicilinas: Amoxicilina, Amoxifar, Amoxil, Ampicil, Ampicilina, Ampicrom, Amptotal, Amplacilina, Amplitor, Bactenon, Benzetacil, Binotal, Bipencil, Carbenicilina, Cibramox, Despacilina, Dicloxacilina, Hiconcil, Longacilin, Megapen, Novocilin, Oracilin, Panglobe, Penicilina G Potássica Cristalizada, Pen-voral, Penvicilin, Staficilin-N, Totapen.

Cefalosporinas: Cefalex, Cefalexina, Cefalotina, Cefamezin, Cefaporex, Kefazol, Keflex*, Mefoxin.

Aminoglicosídeos: Garamicina Injetivel*, Gentamicina, Netromicina, Novamin, Septopal, Tobramina

Macrólidos: Dalacin-C, Eritrex, Eritrofar, Eritromicina drágeas 250 e 500 mg, Frademicina, Ilosone, Lincomicina, Pantomicina, Trozyman.

Tetraciclinas: Cápsulas de Tetraciclina, Cloridrato de Tetraciclina, Terramicina, Tetraciclina, Tetrex, Vibramicina.

Anfenicóis: Cloranfenicol, Glitisol, Sintomicetina cápsulas, Sintomicetina injetável, Suspensão de Cloranfenicol.

Vancomicinas: Vacomicina.

Sulfonamidas e Cotrimoxazole: Assepium Balsâmico, Bafar, Bacgen, Bactrex, Bactrim*, Balsiprim, Benectrim, Diastin, Dientrin, Duoctrin, Entercal, Espectrim, Imuneprim, Infectrin, Intestozol, Septiolan, Trimexazol.

Anticonvulsivantes

Depakene*, Diazepan (veja tranqüilizantes), Gardenal*, Hidantal, Primidona, Rivotril*, Tegretol*, Valpakine.

Laxativos

Agarol, Agiolax, Dulcolax*, Enterolax, Frutalax, Guttalax, Lacto-purga, Minilax, Tamarine.

Vitaminas, minerais e aminoácidos (suplemento nutricional)

Podem ser usados os suplementos nutricionais que não tiverem em sua fórmula qualquer substância proibida, como estimulantes etc.

---

* Mesma formulação usada fora do Brasil.
Fonte: *Informações sobre o uso de medicamentos no esporte:* De Rose, E. H. e Seder, M. G. Com a permissão dos autores.

BIBLIOGRAFIA

AERO, Rita; RICK, Stephanie. *Vitamin Power: A User's Guide to Nutritional Supplements and Botanical Substances That Can Change Your Life*. New York: Harmony Books, 1987.

ALBANESE, A. A.; ORTO, L. A.; ZAVATTARO, N. "Nutrition and metabolic effects of physical exercise." *Nutr. Report Int.*, 1971, 3(3): 165-186.

ALBA-ROTH, J.; MULLER, O. A.; SCHOPOHL, J. et al. "Arginine stimulants growth hormone secretion by suppressing endogenous somatostatin secretion." *Journal of Clinical Endocrinology and Metabolism* 67, 1988, nº 6: 1.186-89.

AMA COUNCIL ON SCIENTIFIC AFFAIRS. "Drug abuse in athletes: anabolic steroids and human growth hormone." *Journal of the American Medical Association* 259, March 18, 1988: 1.703-05.

AMBAU, Getty. *The Importance of Good Nutrition, Herbs & Phytochemicals*, Falcon Press, 1997.

American College of Sport Medicine: 1994. *Eating Disorders and Athletes: A Guide for Coaches, Parents and Friends.* Indianapolis.

American College of Sport Medicine: 1996. Position stand: Exercise and Fluid replacement. Med Sic Sports Exerc 28 (I): i-vii.

ANDERSON, II. L.; CHO, E. S.; KRAUSE, P. A.; HANSON, K. C.; KRAUSE, G. F.; WIXOM, R. L. "Effects of dietary histidine and arginine on nitrogen retention of men." *J. of Nutr.*, 107: 2.067-2.068, 1977.

ANDERSON, R. "Assessment of the roles of vitamin C, vitamin E, and beta-carotene in the modulation of oxidant stress mediated by cigarette smoke-activated phagocytes." *American Journal of Clinical Nutrition,* Supplement to vol. 53, nº 1, Jan. 1991, pp. 356S-365S.

ANGIER, Natalie. "Free radicals: the price we pay for breathing." *The New York Times Magazine,* April, 25, 1993, p. 62ff.

"Antioxidants: What are they? Can they help keep you healthy?" *Mayo Clinic Health Letter,* vol. 11, nº 8, Aug. 1993, p. 1ff.

AUST, S. D. et al. "The role of metals in oxygen radical reactions." *J. Free Radicals Bio. Med.,* 1985.

BAKER, H.; FRANK, O. "Sub-Clinical Vitamin Deficits in Various Age Groups." *International Journal of Vitamin and Nutrition Research,* 1985, 27: 47-59.

BARBUL, A.; RETTURA, G.; LEVENSON, S. M.; SEIFTER, E. "Arginine: a thymotropic and wound-healing promoting agent." *Surgical Forum,* Oct. 1977, XVIII: 101-103.

BARNE, L. "B_{15}: the politics of ergogenicity." *The Physician and Sports-medicine,* 1979, 7(11): 17-18.

BAST, et al. "Oxidants and antioxidants: state of the art." *The American Journal of Medicine,* Sept. 30, 1991, vol. 91, suppl. 3C, p. 3C-2Sff.

BELKO, A.; "Vitamins and exercise-an update." *Med. Sic. Sports Exerc.,* 1987, 19 (suppl.), S191-S196.

BENDICH, A.; LANGSETH, L. "Safety Vitamin A." *Am. J. Clin. Nutr.,* 1989, 49: 358-71.

BERGSTROM, J. L.; HERMANSEN, E. Hultman et al. "Diet, muscle Glycogen, and Physical performance." ACTA, Physiol. Scand., 1967, 71; 140-150.

BERNADOT, D. "Sports and Cardiovascular Nutritionists." *Sports Nutrition: A Guide for the Professional Working with Active People.* 2d ed. Chicago: American Dietetic Association, 1992.

BLAND, Jeffrey. *Nutraerobics.* San Francisco: Harper & Row, 1985. O.P.

BLIZNAKOV, Emile G.; HUNT, Gerald L. *The Miracle Nutrient; Coenzyme Q_{10}.* New York: Bantam Books, 1989.

BLOCK, G. "Vitamin C and cancer prevention: the epidemiologic evidence." *American Journal of Clinical Nutrition*, Supplement to vol. 53, nº 1, Jan. 1991, pp. 274S-283S.

BLOMSTRAND, E.; HASSMEN, P.; Ek, S. et al. "Influence of branched-chain amino acids na perceived exertion during exercise." ACTA, *Physiol. Scand.*, 1997, 159: 41-19.

BOSCO, Dominick. *The People's Guide to Vitamins and Minerals*. Chicago: Contemporary Books, 1980, p. 48.

BRAVERMAN, Eric,; PFEIFFER, Carl. *The Healing Nutrients*. Keats Publishing, Inc., 1987.

BROQUIST, H. P. "Carnitine biosynthesis and function." *Fed. Proc.* 1982, 41 (12): 2.840.

BROWNS, F. "Nutritional needs of athletes." *West Sussex*, England: Wiley Sons, 1993.

BUCCI, L. R.; HICKSON, J. F.; WOLINSKY, I. et al. "Ornithine supplementation and insulin release in bodybuilders." *Int. J. Sports Nutr.*, 1992, 2: 287-91.

BUNT, J. C.; BOILEAU, T. A.; BAHR, J. M. et al. "Sex and training differences." *Journal of Applied Physiology*, 61, Nov. 1986, nº 5: 1.796-801.

BURKE, L.; DEAKIN, V. *Clinical Sports Nutrition*. Sydney: McGraw-Hill, 1994.

BUTTERWORTH, C. E. Jr.; TAMURA, T. "Folic acid safety and toxicity: A brief review." *Am. J. Clin. Nutr.*, 1989, 50: 353-58.

CARPI, John. "Exercise-induced asthma bows to pretreatment." *Family Practice News*, Sep. 1, 1996, 32.

CASANEUVA, F. F.; VILLANEUVA, L.; CABRANES, J. A.; CABEXAS-CERRATO, J.; FERNANDEZ-CRUZ, A. "Cholinergic mediation of growth hormone secretion elicited by arginine, clonidine, and physical exercise in man." *J. Clin. Endocrin. and Metabol.*, 1984, 526-530.

CASTELL, L. M. et al. "Does glutamine have a role in reducing infections in athletes? *European Journal of Applied Physiology*, 1996, 73: 488-490.

CASTELL, L. M.; NEWSHOLME, E. A. "The effects of oral glutamine supplementation on athletes after prolonged, exhaustive exercise." *Nutrition,* 1997: 13 (7/8): 738-742.

CHANDRA, R. K. "Excessive intake of zinc impairs immune responses." *J. Am. Med. Assoc.,* 1984, 252 (11): 1.443.

CHERASKIN, E.; RINGSDORF, W. M.; MEDFORD, F. H.; HICKS, B. S. "The 'ideal' daily vitamin B_1 intake." *J. Oral Med.,* 1978, 33: 77-9.

CHYSSANTHOPOULOS, C.; WILLIAMS, C. "Pre-exercise carbohydrate meal and endurance running capacity when carbohydrates are ingested during exercise." *International Journal of Sports Medicine,* 1997, 18: 543-548.

CICALESE, L.; LEE, K.; SCHRAUT, W. et al. "Pyruvate prevents ischemia-repercussion mucosal injury of rat small intestine." *Am. J. Surg.,* 1996, 171: 97-101.

CICALESE, L.; SUBBOTIN, V.; RASTELLINI, C. et al. "Acute rejection of small bowel allografts in rats: Protection afforded by pyruvate." *Trans. Proc.,* 1996, 28 (5): 2.474.

CIVITELLI, R.; VILLAREAL, D. T.; AGNEUSDEI, D. et al. "Dietary L-lysine and calcium metabolism in humans." *Nutrition,* 1992, 8: 400-4.

CLANCY, S. P.; CLARKSON, P. M.; DE CHECK, M. E.; NOSAKA, K. et al. "Effects of chromium picolinate supplementation on body composition, strength, and urinary chromium loss in football players." *Intl. J. Sports Nutr.,* 1994, 4: 142-153.

CLARK, N. *Sports Nutrition Guidebook.* Human Kinetics, 1997.

CLARK, N.; NELSON, M.; EVANS, W. "Nutrition education for elite women runners." *Phys. Sports Med.* 1988, 16: 124-135.

COLGAN, Michael, Ph. D. *Optimum Sports Nutrition.* New York: Advanced Research Press, 1993, p. 233.

CONTERAS, V. "Natural method for boosting human growth hormone." *Journal of Longevity Research* 1, 1995, nº 8: 38-39.

COOPER, K. *Antioxidant Revolution.* Thomas Nelson Publishers, 1994.

CORPAS, E.; BLACKMAN, M. R.; ROBERSON, R. et al. "Oral arginine-lysine does not increase growth hormone or insulin-like growth Factor-1 in old men." *Journal of Gerontology* 48, 1993, nº 4: M128-133.

COSTILL, D. L. "Carbohydrates for exercise: Dietary demands for optimal performance." *Intl. J. Sports Med.* 1988, 9: 1-18.

CUNEO, R. C. et al. "Growth hormone treatment in growth hormone-deficient adults I: effects on muscle mass and strength." *Journal of Applied Physiology* 70, 1991: 688-94.

CUNEO, R. C. et al. "Growth hormone treatment in growth hormone-deficient adults II: effects on *exercise performance*." *Journal of Applied Physiology* 70, 1991: 695-700.

CUTLER, R. G. "Antioxidants and aging." *American Journal of Clinical Nutrition*, Suplement to vol. 53, nº 1, Jan. 1991, pp. 372S-380S.

CUTLER, Richard G. "Antioxidants and Aging. *Am. J. Clin. Nutr.* 1991, 53: 373S-9S.

DALY, L. E.; KIRKE, P. N.; MOLLOY, A. et al. "Folate levels and neural tube defects." *J. Am. Med. Assoc.*, 1995, 274: 1.698-1.702.

DEBOER, L. W. V.; BEKX, P. A.; HAN, L. et al. "Pyruvate enhances recovery of rat hearts after ischemia and repercussion by preventing free radical generation." *Am. J. Physiol.*, 1993, 265: H1.571-76.

DE LOGERIL, M.; RENAUD, S.; MAELLE, N. et al. "Mediterranean alpha-linolenic acid-rich diet in secondary prevention of coronary heart disease." *Lancet*, 1994, 343: 1.454-59.

DE ROSE, E. H.; SEDER, M. G. "Informação sobre o uso de medicamentos no esporte."

DE VRIES, Herbert A.; HOUSH, Terry J. *Physiology of Exercise*. Madison, Wisconson: Brown & Benchmark, 1994.

DEITRICK, R. E. "Oral proteolytic enzymes in the treatment of athletic injuries: A double-blind study." *Pennsylvania Med. J.*, Oct. 1965, 35-37.

DESPRES, J. P. et al. "Level of physical fitness and adiposity lipolysis in humans." *Applied Physiology: Respiratory, Environmental and Exercise Physiology*, 1984, 56: 1.157-1.161.

DI MASCIO, P.; MURPHY, M. E.; SIES, H. "Antioxidant defense systems: the role of carotenoids, tocopherols, and thiols." *American Journal of Clinical Nutrition,* Supplement to vol. 53, nº 1, Jan. 1991, pp. 207S-212S.

DI MASCIO, Paolo.; MURPHY, Michael E.; SIES, Helmut. "Antioxidant defense systems: the role of carotenoids, tocopherols, and thiols." *Am. L. Clin. Nutr.,* 1991, 53: 194S-200S.

DIPALMA, J. R. "Carnitine deficiency." *Am. Family Phys.,* 1988, 38: 243-51.

DIPLOCK, A. T. "Antioxidant nutrients and disease prevention: an overview." *American Journal of Clinical Nutrition,* Supplement to vol. 53, nº 1, Jan. 1991, pp. 189S-195S.

DIPLOCK, Anthony, "Antioxidant nutrients and disease prevention: an overview." *Am. L. Clin. Nutr.,* 1991, 53: 189S-93S.

DUKE, J. A. CRC Handbook of Medicinal Herbs. Boca Raton, FL: CRC Press, 1985, 349.

DUNSTAN, D. W.; BURKE, V.; MORI, T. A. et al. "The independent and combined effects of aerobic exercise and dietary fish intake on serum lipids and glycemic control in NIDDM." *Diabetes Care,* 1997, 20: 913-21.

EARNEST, C. P.; SNELL, P. G.; RODRIGUEZ, R. et al. "The effect of creatine monohydrate ingestion on anaerobic power indices, muscular strength, and body composition." ACTA, *Physiol. Scand.,* 1995, 153: 207-9.

ERASMUS, Udo. *Fats that Heal, Fats that Kill.* Alive Books, 1993.

ERDMANN, Robert. *The Amino Acid and Revolution.* New York: Simon & Schuster, Inc., 1987, p. 160.

ESTERBAUER, Hermann et al. "Role of vitamin E in preventing the oxidation of low density lipropotein." *Am. L. Clin. Nutr.,* 1991, 53: 341S-21S.

FINDANZA, A. "Therapeutic action of pantothenic acid." *Int. J. Vit. Nutr. Res.,* 1983, suppl. 24: 53-67 (review).

FISCHER, P. W. F.; GIROUX, A.; LABBE, M. R. "Effect of zinc supplementation on copper status in adult man." *Am. J. Clin. Nutr.,* 1984, 40 (4): 743-46.

FISHER, Jeffrey A. M. D. *The Chromium Program.* New York: Harper and Row, 1990, p. 23.

FLAHERTY, John T. "Myocardial injury mediated by oxygen free radicals." *The American Journal of Medicine,* Sept. 30, 1991, vol. 91, suppl. 3C, p. 3C-122Sff.

FREELAND-GRAVES, J. H. "Manganese: An essential nutrient for humans." *Nutr. Today,* 1989, 23: 13-19 (review).

GABY, A. R. "Literature review and commentary." *Townsend Letter for Doctors and Patients,* Jun. 1999, 338-39.

GARRISON, R. H.; SOMER, E. *The Nutrition Desk Reference.* New Canaan, Conn.: Keats Publishing, Inc., 1990, p. 215.

GARRISON, R.; SOMER, E. *The Nutrition Desk Reference.* New Canaan, CT: Keats Publishing, 1995, 41.

GARRISON, Robert H., Jr.; SOMER, Elizabeth. *Nutrition Desk Reference.* New Canaan, CT: Keats Publishing, 1985.

GAZIANO. J. Michael, et al. "Dietary antioxidants and cardiovascular disease." *Annals New York Academy of Sciences,* 1992, vol. 669, p. 249ff.

GEY, K. F.; PUSHKA, P.; JORDAN, P.; MOSER, U. K. "Inverse correlation between plasma vitamin E and morality from ischemic heart disease in cross-cultural epidemiology." *American Journal of Clinical Nutrition,* Supplement to vol. 53, nº 1, Jan. 1991, pp. 342S-349S.

GIAMBERARDINO, M. A. et al. "Effects of prolonged L-carnitine administration on delayed muscle pain and CK release after eccentric effort." *Int. J. Sports Med.,* 1996, 17: 320-24.

GREENHAFF, P. L. "Creatine and its application as an ergogenic aid." *Int. J. Sports Nutr.,* 1995, 5: 94-101.

GREENHAFF, P. L., BODIN, K.; SODERLUND, K. et al. "Effect of oral creatine supplementation on skeletal muscle phospho-creatine resynthesis." *Am. J. Physiol.,* 1994, 266: E725-30.

GREENHAFF. P. "Creatine and its application as an ergogenic aid." *Intl. J. Sports Nutr.,* 1995, 5 (suppl.) S100-S110.

GREY, Fred. PUSHKA, Pekka et. al. "Inverse correlation between plasma vitamin E and mortality from ischemic heart disease in cross-cultural Epidemiology." *Am. Clin. Nutr.* (suppl.) 53: 326.
HAAS, E. *Staying Healthy with Nutrition.* Celestial Arts, 1992.
HAAS, Robert. *Eat to Win.* New York: Signet, 1983, p. 216.
"Nutrition News." *Prevention.* May 1988.
NUTRITION COMMITTEE, AMERICAN HEART ASSOCIATION. "Dietary guidelines for healthy american adults." *Circulation*, March 1988, 77: 3.
HALLIWELL, B.; GUTTERIDGE John M. C. *Free Radicals in Biology and Medicine.* Oxford: Clarendon Press, 1989, pp. 454-458.
HALLMARK, M. A., REYNOLDS, T. H.; DE SOUZA, C. A. et al. "Effects of chromium and resistive training on muscle strength and body composition." *Medicine and Science in Sports and Exercise*, 1996, 28: 139-44.
HAMILTON, E. et. al. *Nutrition: Concepts and Controversies.* St. Paul: West Publishing, 1985, p. 53.
HAYFIELD, Frederick C. *Ultimate Sports Nutrition: A Scientific Approach to Peak Athletic Performance.* Chicago: Contemporary Books, 1987.
HEMILA, H. "Does vitamin C alleviate the symptoms of the common cold? A review of current evidence." *Scand. J. Infect. Dis.*, 1994, 26: 1-6.
HOCHMAN, L. G.; SCHER, R. K.; MEYERSON, M. S. Brittle nails: responses to daily biotin supplementation. *Cutis*, 1993, 51 (4): 303-5.
HOFFER, A. *Mega Amino Acid Therapy.* Tyson & Assoc. Reseda, CA. 1986.
HORROBIN, D. F. "The importance of gamma-linolenic acid and prostaglandin E1 in human nutrition and medicine." *J. Holistic Med.*, 1981, 3: 118-39.
HOUSTON, M. C. et al. *Archives of Internal Medicine.* Vol. 146, Jan. 1986, p. 179.
ISIDORI, A.; MONACO, A. L.; CAPPA, M. et al. "A study of growth hormone release in man after oral administration of amino acids." *Current Medical Research and Opinion* 7, 1981, nº 7: 475-81.

IVY, John L. "Role of exercise training in the prevention and treatment of insulin resistance and non-insulin-dependent diabetes mellitus." *Sports Medicine*, Nov. 1997, 24 (5): 321-336.

IZAKA, K.; YAMADA, M.; KWANO, T.; SUYAMA, T. "Gastrointestinal absorption and anti-inflammatory effect of bromeliad." Japan *J. Pharmacol.*, 1972, 22: 519-34.

JANSON, Michael. *Vitamin Revolution.* Arcadia Press, 1996.

JEEVANANDAM, M.; HOLADAY, N. J.; PETERSEN, S. R. "Ornithine-alphaketoglutarate (OKG) supplementation is more effective than its component salts in traumatized rats." *J. Nutr.*, 1996, 126 (9): 2.141-50.

JENKINS, R. R. et al. "Influence of exercise on clearance of oxidant stress products and loosely bound iron." *Medicine and Science in Sports and Exercise*, 1993, vol. 25, nº 2, pp. 213-217.

JENKINS, R. R. et al. "Introduction: oxidant stress, aging, and exercise." Medicine and Science in Sports and Exercise: *Official Journal of the American College of Sports Medicine*, 1993, vol. 25, nº 2, pp. 210-212.

JEUKENDRUP, A. E.; SARIS, W. H. M.; VAN DIESEN, R. A. J. et al. "Exogenous MCT oxidation from carbohydrate-medium chain triglyceride supplements during moderate intensity exercise." *Clin. Sci.*, 1994, 87: 33.

JOB, J. C.; DONNADIEU, M.; GARNIER, P. E.; EVAIN-BRION, D.; ROGER, M.; CHAUSSAIN, J. L. "Ornithine stimulation test: correlation with subsequent response to hGH therapy. Evaluation of growth hormone scretion." *Pediat. Adolesc. Endocr.*, 1983, 12: 86-102.

JOHNSTON, C."Substrate utilization and work efficacy during submaximal exercise in vitamin C depleted-repleted adults." *Internat. J. Vit. Nutr. Res.*, 1999, 69 (1): 41-44. #31868.

JURASUNAS, Serge. *Revolução na Saúde.* Natipress Ltda., 1997.

KANG, S.-S.; WONG, P. W. K.; MELYN, M. A. "Hyperargininemia: effect of ornithine and lysine supplementation." *J. of Ped.*, 1983, 103(5): 763-765.

KANTER, M. M. et al. "Effects of exercise training on antioxidant enzymes and cariotoxicity of doxorubicin." *Journal of Applied Physiology*, 1885, vol. 59 (4), pp. 1.298-1.303.

KELLY, G. S. "Sports nutrition: a review of selected nutritional supplements for bodybuilders and strength athletes." *Alt. Med. Rev.*, 1997, 2 (3): 184-201.
KELLY, G. S. "Sports nutrition: a review of selected nutritional supplements for bodybuilders and strength athletes." *Alt. Med. Rev.*, 1997, 2 (3): 184-201.
KENDLER, B. S. "Carnitine: An overview of its role in preventive medicine." Prev. Med., 1986, 15: 373-90.
KINSELLA, K. "Changes in Life Expectancy 1900-1990." *Am. J. Clin. Nutr.*, 1992, 55: 1.196S-1.202S.
KLATZ, Ronald. *Grow Young with HGH.* HarperCollins Publishers, 1997.
KLEINKOPF, K. N. "N-dimethylghycine hydrochloride and calcium gluconate (gluconic 15) and its effect on maximum oxygen coinsumption (Max Vo_2) on highly conditioned athletes: a pilot study." College of S. Idaho, 1980.
KNEKT, P.; ARROMA, A.; MAATELA, J.; AARAN, R. K.; NIKKARI, T.; PETO, R.; TEPPO, L. "Vitamin E and cancer prevention." *American Journal of Clinical Nutrition,* Supplement to vol. 53, nº 1, Jan. 1991, pp. 296S-304S.
KOOP, C. Everett. *The Surgeon General's Report on Nutrition and Health – Summary and Recommendations.* Washington, DC: DHHS Publications, Department of Health and Human Services, 1988.
KRINSKY, N. I. "Effects of carotenoids in cellular and animal systems." *American Journal of Clinical Nutrition,* Supplement to vol. 53, nº 1, Jan. 1991, pp. 212S-218S.
LE BRICON, T.; CYNOBER, L.; BARACOS, V. E. "Ornithine alpha-ketoglutarate limits muscle protein breakdown without stimulating tumor growth in rats bearing Yoshida ascites hepatoma." *Met. Clin. Exp.*, 1994, 43 (7): 899-905.
LEAF, A.; WEBER, P. C. "Cardiovascular effects of n-3 fatty acids." *N. Engls. J. Med.*, 1988, 318: 549-57.
LEFAVI, R.; ANDERSON, R. KEITH, R. et al. "Efficacy of chromium supplementation in athletes: Emphasis on anabolism." *Int. J. Sports Nutr.*, 1992, 2: 111-22.

LEIBOVITZ, Brian. "Amino Acids and Performance." *Muscular Development*, Aug. 1989, p. 19.

LEVINE, Stephen A.; KIDD, Paris M. *Antioxidant Adaptation: Its Role in Free Radical Pathology.* San Leandro, CA: Allergy Research Group, 1985.

LIEBERMAN, S.; BURNING, N. *The Real Vitamin & Mineral Book*, Publishers Group West. Garden City Park, New York: 1990, p. 69.

LININGER, S.; WRIGHT, J.; BROWN, Donald. *The Natural Pharmacy.* Prima Health, 1998.

LUC, Gerald; FRUCHART, Jean-Charles. "Oxidation of lipoproteins and atherosclerosis." *Am. L. Clin. Nutr.*, 1991, 53: 206S-9S.

LUST, J. B. *The Herb Book.* New York, Toronto, London, Sydney, Aukland: Bantam Books, 1974, p. 4.

MACLEAN, D. A.; GRAHAM, T. E.; SATLIN, B. "Branched-chain amino acids augment ammonia metabolism while attenuating protein breakdown during exercise." *A. J. Physiol.*, 1994, 267: E1010-22.

MASORO, E. "Nutrition and aging: A current assessment." *J. Nutr.*, 1985, 1.145 (7): 842-848.

MCCARTY, M. F. "The case for supplemental chromium and a survey of clinical studies with chromium picolinate." *J. Apply Nutr.*, 1991, 43: 59-66.

MERY, P.; GROOTVELD, M.; LUNEC, J.; BLAKE, D. R. "Oxidative damage to lipids within the inflamed human joint provides evidence of radical-mediated hypoxic repercussion injury." *American Journal of Clinical Nutrition*, Supplement to vol. 53, nº 1, Jan. 1991, pp. 366S-371S.

MILLER, J.; SMITH, D.; FLORA, L. et al. "Calcium absorption from calcium carbonate and a new form of calcium (CCM) in healthy male and female adolescents." *Am. J. Clin. Nutr.*, 1988, 48: 1.291-94.

MINO, Makoto. "Clinical uses and abuses of vitamin E in children." *Proceedings of the Society for Experimental Biology and Medicine*, 1992, vol. 200, p. 266ff.

MURRAY, Michael T. "Powerful herbal antioxidants." *Health Counselor*, vol. 5, nº 2, p. 40.

NATIONAL RESEARCH COUNCIL. *Recommended Dietary Allowances.* National Academy Press, Washington, D. C., 1989, p. 1.

NISHIYAMA, S. et al, "Zinc status relates to hematological deficts in women." *Journal of the American College of Nutrition*, 1996, 15(4): 359-363.

NIKI, Estuo et al. "Membrane damage due to lipid oxidation." *Am. L. Clin. Nutr.*, 1991, 53: 201S-5S.

PACKER, Lester. "Protective role of vitamin E in biological systems." *American Journal of Clinical Nutrition*, 1991, vol. 53, pp. 1.050S-5S.

PASSWATER, Richard. *Selenium as Food and Medicine.* New Canaan, CT.: Keats Publishing, 1980, pp. 22-53.

PAULING, L. "Case report: Lysine/ascorbate-related amelioration of angina pectoris." *J. Orthomol. Med.*, 1991, 6: 144-46.

PELTON, Ross. *Mind Foods and Smart Pills.* New York: Double Day, 1989, pp. 49-50.

Physical Activity and Health – U. S. Department of Health and Human Services, 1996.

POPOV, I. M.; GOLDWAY, W. J. "A review of the properties and clinical effects of ginseng." *American Journal of Chinese Medicine* 1, 1973, nº 2: 263-70.

PRASAD, A. "Discovery of human zinc deficiency and studies in an experimental human model." *Am. J. Clin. Nutr.*, 1991, 53: 403-12 (review).

PRASAD, Kailash et al. "Oxygen free radicals and hypercholesterolemic atherosclerosis: effect of vitamin E." *American Heart Journal*, 1993, vol. 125, p. 958ff.

PRYOR, W. A. "The antioxidant nutrients and disease prevention – what do we know and what do we need to find out?" *American Journal of Clinical Nutrition,* Supplement to vol. 53, nº 1, Jan. 1991, pp. 388S-396S.

PRYOR, William. "The antioxidant nutrients and disease prevention – what do we know and what do we need to find out?" *Am. L. Clin. Nutr.*, 1991, 53: 391S-3S.

PYKA, G. et al. "Age-dependent effect of resistance exercise on growth hormone secretion in people." *Journal of Clinical Endroclinology and Metabolism*, 1992, 75: 404-07.

RHEIN, Rex. "Antioxidants let weekend athletes avoid soreness." *Family Practice News*, Aug. 1, 1996, 32.

RICE, Evans; HALLIWELL, B. (eds.). *Free Radicals and concepts*. London: Richeliev Press, 1988.

RIMM, E. B.; STAMPFER, M. J.; ASCHERIO, A. et al. "Vitamin E consumption and the risk of coronary heart disease in men." *N. Engl. J. Med.*, 1993, 328: 1.450-56.

RIMM, Eric B. "Vitamin E consumption and the risk of coronary heart disease in men." *The New England Journal of Medicine*, May 20, 1993, vol. 328, pp. 1.450-6.

RODALE J. I. and staff. *The Complete Book of Vitamins*. Emmaus, PA: Rodale Press, 1984. O.P.

RODALE, J. I. and staff. *The Complete Book of Minerals for Health*. Emmaus, PA: Rodale Press, 1981. O.P.

RONDÓ, Wilson Jr. *Fazendo as Pazes com seu Peso*. Gaia, 1999.

_____. *Prevenção: A Medicina do Século XXI*. Gaia, 2000.

ROSEBLOOM, D.; MILLARD-STAFFORD, M.; LATHROP, J. "Contemporary erogenic aids used by strength/power athletes." *J. Am. Diet. Assoc*. 1992, 92 (10): 1.224-66.

RUSSEL, R. M. "A minimum of 13,500 deaths annually from coronary artery disease could be prevented by increasing folate intake to reduce homocysteine levels." *J. Am. Med. Assoc.*, 1996, 275: 1.828-29.

SANDERS, T. A. B.; ROSHANAI, F. "The influence of different types of omega 3 polyunsaturated fatty acids on blood lipids and platelet function in healthy volunteers." *Clin. Sci.*, 1983, 64: 91.

SARIS, W.; REHRER, N. "Abdominal complaints and gastro-intestinal function during long lasting exercise." Intl. J. Sports Med. 1987, 8: 175-189.

SCHLEETTWEIN-GSELL, D. "Nutrition and the quality of life: A measure for the outcome of nutritional intervention?" *Am. J. Clin. Nutr.* 1992, 55: 1.263s-1.266s.

SCHMIDT, Karlheinz. "Antioxidant vitamins and beta-carotene: effects on immuno competence." *Am. L. Clin. Nutr.*, 1991, 53: 383S-5S.

SCHNEIDER, H. A. et al. (eds.). *Nutritional Support of Medical Practice*. Hargerstown, MD: Harper & Row, 1977, p. 26.

SHIBATA, S.; TANAKA, O. et al. "Chemistry and pharmacology of Panax." In *Economic and Medicinal Plant Research*, vol. I, ed. Wagner, H.; Hikino, H.; Farnsworth, N. R. London: Academic Press, 1985, 217-84.

SIES, Helmut. "Antioxidant functions of vitamins – vitamins E and C, beta-carotene, and other carotenoids." *Nutrition Today*, July/Aug. 1990, p. 7ff.

SILVA, Ovandir Alves. "Dopagem no esporte." *Guia de Fármacos Controlados*. Atheneu, 1999.

SINGH, Visha; GABY, Suzanne. "Premalignant lesions: role of antioxidant vitamins and beta-carotene in risk reduction and prevention of malignant transformation." *Am. L. Clin. Nutr.*, 1991, 53: 386-90S.

SOMER, E. *The Essential Guide to Vitamins and Minerals*. New York: Haper, 1995, 70-72.

SOMER, Elizabeth. *Nutrition for women*. New York: Henry Holt and Company, 1993, p. 304.

STAHELIN. H. B.; GEY, H. F.; EICHHOLZER, M.; LUDIN, E. "Beta-carotene and cancer prevention: the Basel Study." *American Journal of Clinical Nutrition,* Supplement to vol. 53, nº 1, Jan. 1991, pp. 250S-262S.

STAMPFER, M. J.; HENNEKENS, C. H.; MANSON, J. E. et al. "Vitamin E consumption and the risk of coronary heart disease in women." *The New England Journal of Medicine*, May 20, 1993, vol. 328, pp. 1.444-9.

STANKO, R. T.; ROBERTSON, R. J. et al. "Enhancement of arm exercise endurance capacity with dihydroxyacetone and pyruvate." *J. Appl. Phys.*, 1990, 68(1): 119-24.

STANKO, R. T.; ROBERTSON, R. J.; GALBREATH, R. W. et al. "Enhanced leg exercise endurance with a high-carbohydrate diet and dihyroxyacetone and pyruvate. *J. Appl. Phys.*, 1990, 69(5): 1.651-56.

STARLING, R. D.; TRAPPE, T. A.; SHORT, K. R. et al. "Effect of inosine supplementation on aerobic and anaerobic cycling performance." *Med. Sci. Sports Ex.*, 1996, 28 (9): 1.193-98.

STEINBERG, Daniel et al. "Antioxidants in the prevention of human atherosclerosis." *Summary of the Proceedings of a National Heart, Lung and Blood Institute Workshop*, Sept. 5-6, 1991, Bethesda, Maryland.

"Vitamins C & E wage war against atherosclerosis." *Nutrition & Helat News*, Center for Human Nutrition, The University of Texas Southwestern Medical Center at Dallas, Fall 1990, vol. VII, nº 3, p. 1.

STERNS, D. M.; BELBRUNO, J. J.; WETTERHAHN, K. E. "A prediction of chromium (III) accumulation in humans from chromium dietary supplements." *FASEB J.*, 1995, 9: 1.650-57.

SUMIDA, Satoshi e al. "Effect of a single bout of exercise and β-carotene supplementation on the urinary excretion of 8-hydroxydeoxyguanosine in humans." *Free Radical Research*, 1997, 27: 607-618.

SWART, I. et al. "The effect of L-carnitine supplementation on plasma carnitine levels and various performance parameters of male marathon athletes." *Nutrition Research*, 1997, 17 (3): 405-414.

TAKEMURA, Y. et al. "The protective effect of good physical fitness when young on the risk of impaired glucose tolerance when old." *Prev. Med.*, 1999, 28: 14-19.

TANNENBAUM, S. R.; WISHNOK, J. S., LEAF, C. D. "Inhibition of nitrisamine formation by ascorbic acid." *American Journal of Clinical Nutrition*, Supplement to vol. 53, nº 1, Jan. 1991, pp. 225S-232S.

THIRD LINE MEDICINE. New York: Penguin Books, 1988.

TOMODA, M.; HIRABAYASHI, K. et al. "Characterization of two novel polysaccharides having immunological activities from the root of Panax ginseng." *Biol. Pharm. Bull.*, 1993, 16: 1.087-90.

TOPPER, E.; GILL-AD, I. "Oral clonidine – a simple, safe and effective test for growth hormone secretion. Evaluation of growth hormone secretion." *Pediat. Adolesc. Endocr.*, 1983, 12: 103115.

Trace Elements in Human Health and Disease. Redmond, WA: Eagle Print, 1979. O.P.

TROUT, D. L. "Vitamin C and cardiovascular risk factors." *American Journal of Clinical Nutrition,* Supplement to vol. 53, nº 1, Jan. 1991, pp. 332S-341S.

TROUT, David L. "Vitamin C and cardiovascular risk factors." *Am. L. Clin. Nutr.*, 1991, 53: 322S-5S.

VAN HALL, G.; RASYMAKERS, J. S. H.; SARIS, W. H. M.; WAGENMAKERS, A. J. M. "Supplementation with branched-chain amino acids (BCAA) and tryptophan has no effects on performance during prolonged exercise." *Clin. Sci.*, 1994, 87: 52 (abstract #75).

VASANKARI, T. et al. "Effects of ascorbic acid and carbohydrate ingestion on exercise induced oxidative stress." *J. Sports Med. Phys. Fitness.*, 1998, 38 (4): 281-285.

VINSON, J. A.; BOSE, P. "Comparative bioavailability to humans of ascorbic acid alone or in a citrus extract." *Am. J. Clin. Nutr.*, 1988, 48: 601-4.

WAEG, G. "Role of vitamin E in preventing the oxidation of low-densit lipoprotein." *American Journal of Clinical Nutrition,* Supplement to vol. 53, nº 1, Jan. 1991, pp. 312S-319S.

WERBACH, Melvyn R. *Nutritional Influences on Illness: A Sourcebook of Clinical Research.* Tarzana, CA: Third Line Press, 1987.

ZANG, Y. et al. *Procedings of the National Academy of Sciences of the United States of America.* March 16, 1972, 989 (6): 2.399-403.

ZELLO, G. A.; WYKES, L. F.; BALL, R. O. et al. "Recent advances in methods of assessing dietary amino acid requirements for adult humans." *J. Nutr.*, 1995, 125: 2.907-15.

IMPRESSÃO E ACABAMENTO

YANGRAF
GRÁFICA E EDITORA LTDA.
TEL/FAX.: (011) 218-1788
RUA: COM. GIL PINHEIRO 137